Hans Michael Engelke

SARDINIEN

auf dem Motorrad entdecken

Biker Betten

Motorrad Reisebuch

Hans Michael und Angelika Engelke sind begeisterte Motorradjournalisten und Fotografen.

Sardinien – allein der Klang des Namens der zweitgrößten Insel im Mittelmeer lässt Kiki, die beste Sozia der Welt, und mich in Erinnerungen schwelgen. Sardinien verkörpert für uns den puren Spaß auf dem Motorrad. Die perfekte Kombination zwischen herrlichen Landschaften und spannenden Motorradstrecken, zwischen italienischem Dolce Vita und unvergesslichen Touren.

Unzählige Kilometer haben wir inzwischen auf sardischen Straßen hinter uns. Auf der schon fast legendären SS125 zwischen Dorgali und Tortoli, auf den spektakulären Bergstrecken des höchsten Gebirges der Insel, den Monti del Gennargentu, auf staubigen, unbefestigten Pisten im einsamen Landesinneren und auf der grandiosen Küstenstraße südlich von Alghero. Aber wann und wo auch immer wir wieder auf der Insel unterwegs sind, stets entdecken wir Neues, finden neue Pfade und Straßen und begeistern uns für die idyllischen Landschaften und die urigen Bergdörfer Sardiniens.

Schon ab Mitte März steigen die Temperaturen an, die Niederschläge lassen nach. Während es zu Hause noch kräftig regnet oder gar schneit, blühen auf Sardinien bereits die ersten Blüten, die Sonne wärmt und die ersten Stühle stehen vor den Cafés. Auf der Insel zwischen Afrika und dem italienischen Festland steht dann einem frühen Start in die Saison nichts mehr im Wege – es kann losgehen.

Einsame Nebenstrecken

Sardinien – das steht auch für Abwechslung und für die unterschiedlichsten Eindrücke an einem einzigen Tag. Ging es eben noch durch die quirlige Hafenstadt Alghero oder durch die vielbesuchte und bildschöne Altstadt der Inselhauptstadt Cagliari, so wähnt man sich nur wenige Kilometer außerhalb der Stadtgrenze ganz schnell in beschaulicher Einsamkeit. Oft begegnen wir auf den einsamen Nebenstrecken der Insel über lange Zeit und viele Kilometer keinem einzigen Menschen. Sardinien und Sizilien sind in etwa gleichgroß. Auf Sizilien leben über fünf Millionen Einwohner, auf Sardinien gerade mal 1,6 Millionen. Ganze Landstriche sind menschenleer und überall auf Sardinien locken dennoch gut ausgebaute Straßen in die entlegensten Landesteile.

Ausgewogene Mischung

Bei den in diesem Buch vorgestellten Touren haben wir darauf geachtet, eine bunte und ausgewogene Mischung an Landschaften, Straßen und Regionen vorzustellen. Es ist von allem und für jeden etwas dabei. Natürlich lassen sich die über die ganze Insel verteilten Rundtouren problemlos miteinander kombinieren. Einzig die erste Route ist keine Rundstrecke. Sie führt vom Golf von Olbia, in dem fast alle vom Festland ankommenden Fähren anlegen, schnurstracks über die abwechslungsreiche SS125 in die Inselmitte. Das ist sicher nicht der schlechteste Einstieg in das Motorradparadies Sardinien.

Für einen kurzen Urlaub empfehlen wir einen festen Standort für fantastische Touren in das Landesinnere und an die Küste. Wird es länger, raten wir zu einer Rundreise, auf der sich fast alle hier vorgeschlagenen Touren umsetzen lassen.

Wie auch immer – Kiki und ich sind überzeugt, es wird euch gefallen! Neben all den grandiosen Motorradstrecken und Landschaften gibt es ja schließlich auch noch die Menschen, die Sardinien erst zu dieser gastfreundlichen Insel machen, die sie ist. Der sympathische, meist typisch italienisch kommunikative Menschenschlag auf Sardinien begeistert uns immer wieder. Schnell und problemlos kommt man miteinander ins Gespräch. Aber auch, wenn man die Landessprache nicht beherrscht kommt man immer weiter. Wie immer öffnen natürlich ein paar italienische Floskeln die Türen, aber auch ohne wird niemand verhungern, verdursten oder auf der Straße stehen bleiben.

Faszinierendes Sardinien

Wir würden uns freuen, wenn wir auch mit diesem Buch den einen oder anderen Motorradreisenden auf einen faszinierenden Teil Italiens neugierig machen können. Unser erstes Italien-Buch über das Trentino, die Dolomiten und Südtirol kam gut an und auch unser zweiter Band über das Piemont, die Toskana und Ligurien trug zum Gelingen so mancher Motorradtour bei. Und auch jetzt, wenn dieses Buch erscheint, stecken wir bereits in der Arbeit für den nächsten Italien-Band. Er wird vom Süden dieses sympathischen Landes handeln.

Wir laden euch herzlich ein, einen Blick auf unsere Internetseite **www.engelke.tv** zu werfen. Dort erfahret Ihr auch, ob und wo wir gerade unterwegs sind. Vielleicht treffen wir uns dann ja mal irgendwo auf den Straßen Europas – es würde uns freuen!

Bis dahin, eine gute Reise und viel Spaß auf der tollen Insel Sardinien,

Hans Michael und Angelika Engelke

Bonifacio
10
9
Porto Torres
Sassari
Olbia
1
8
Alghero
2
Nuoro
3
Oristano
7
4
6
Iglesias
5
Cagliari

1. DIE ÖSTKÜSTE
2. ZWISCHEN MACOMER UND BUDDUSO
3. IN DER BARBAGIA
4. SÜDLICH DES GENNARGENTU
5. IM SÜDOSTEN SARDINIENS
6. AN DER COSTA VERDE
7. AM MONTE ARCI
8. SÜDLICH VON ALGHERO
9. IM NORDEN
10. COSTA SMERALDA

Orientale **Sarda**

Fahrspaß ohne Ende in grandioser Bergwelt: Die legendäre SS125 Orientale Sarda zwischen Dorgali und Tortoli hat schon einen Kultstatus unter Sardinienfahrern.

GPS 40.158449, 9.507718

Traumhafte **Küstenstraße**

Zwischen den beiden bildschönen Städtchen Alghero und Bosa führt die Strada Provinciale 105 über 50 Kilometer fast immer durch die Berge direkt am Meer entlang.

GPS 40.451103, 8.390344

Insel-**Hopping**

Die herrlichen Straßen auf den Inseln des Maddalena-Archiples ganz im Norden bleiben nicht nur wegen der fantastischen Landschaft im Gedächtnis.

GPS 41.215499, 9.445999

Monti del **Gennargentu**

Durch das höchste Gebirge Sardiniens – das Gennargentu-Massiv – ziehen sich viele atemberaubende Bergstraßen und manch eine einsame Nebenstrecke.

GPS 39.839822, 9.323662

Schon bei der Anreise präsentiert sich Sardininen von seiner schönsten Seite.

Fußabdruck im Meer

Die Kombination aus Kurvenreichtum, grandioser Landschaft und griffigen Asphalt macht aus der Insel ein echtes Eldorado.

Sardinien ist nach Sizilien die zweitgrößte Insel im Mittelmeer. Mit nur rund 1,7 Millionen Einwohnern bei 24 000 Quadratkilometern Fläche ist die Insel sehr dünn besiedelt. Bei etwa der gleichen Bevölkerungszahl ist Ligurien beispielsweise nur 5 400 Quadratkilometer groß. Sardinien ist durch das Tyrrhenische Meer vom italienischen Festland getrennt, die Entfernung beträgt rund 200 Kilometer. Südlich liegt Tunesien, rund 185 Kilometer entfernt. Im Norden Sardiniens liegt die französische Insel Korsika. Zwischen den beiden Inseln liegt die gerade mal zwölf Kilometer breite Straße von Bonifacio. Sardinien ist etwa 270 Kilometer lang, die Breite beträgt rund 145 Kilometer. Die Küstenlinie beträgt rund 1850 Kilometer. Sardinien protzt mit herrlichen, kilometerlangen Sandstränden mit feinstem Sand und kristallklarem Wasser. Besonders schön ist dabei die Costa Verde im Südwesten mit ihren bis zu 30 Meter hohen Sanddünen. Aber auch die faszinierenden Felsküsten der Insel wissen zu beeindrucken.

Aus der Luft betrachtet gleicht Sardinien mit ein wenig Fantasie einem Fußabdruck. Daraus leitet sich der griechische Name der Insel „Ichnousa“ ab, was „Schuhsohle“ bedeutet. Diese

Bezeichnung findet sich zum Beispiel in der 1912 in Cagliari gegründeten sardischen Traditions-Biermarke Ichnusa wieder.

Etwa die Hälfte Sardiniens ist Bergland. Die Punta la Marmora ist mit 1834 Metern Höhe der höchste Gipfel. Er liegt im mächtigen Gennargentu-Massiv etwa in Sardiniens Mitte. Nordöstlich davon liegt mit 1463 Metern Höhe der Supramonte, das Kalksteingebirge ist das zweithöchste Massiv der Insel. Sardinien ist von zahlreichen Flüssen durchzogen. Mit knapp 160 Kilometern Länge ist der Tirso der längste; mit 127 Kilometern folgt der Flumendosa. Der Wasserstand der sardischen Flüsse schwankt je nach Jahreszeit sehr stark. Viele trocknen im Sommer komplett aus. Um diese Schwankungen auszugleichen wurden zahlreiche Stauseen angelegt. Diese liegen landschaftlich meist sehr schön und werden oft touristisch genutzt. Der einzige natürliche See Sardiniens ist der Lago Baratz unweit Algheros.

Nur etwa 20 Prozent der Fläche Sardiniens wird landwirtschaftlich genutzt. Die einst dichten Mischwälder sind im Rahmen der Industrialisierung zur Verhüttung der geförderten Erze und zur Herstellung von Holzkohle größtenteils gerodet worden. Ihren Platz hat heute die immergrüne Macchia eingenommen. Die stacheligen Sträucher liefern im Frühjahr ein tolles Blütenmeer. Nicht selten trifft man noch auf Stein- und Kork-Eichen, Olivenbäume und Kastanien. Gerade die Korkeichen haben eine hohe wirtschaftliche Bedeutung, gut drei Viertel der italienischen Korkproduktion stammen aus Sardinien. Fast überall trifft man auf den Feigenkaktus. Dessen Kaktusfeigen genannten Früchte

Sardinien glänzt mit 1850 Kilometern schönster Küsten.

Feigenkakteen zeugen von Sonne und Wärme im Überfluss.

sind essbar und haben einen süßsauren Geschmack. Uns haben haben sie besonders gut als Marmelade und natürlich als süßer Likör gemundet. Man kann sie auch roh essen. Aber Vorsicht, die kleinen, sehr dünnen Stacheln können richtig fies sein und man bekommt sie manchmal nur sehr schwer wieder aus den Fingern.

ZUM MOTORRADFAHREN

Der Ruf der Insel eilt ihr voraus. Kurz gesagt ist Sardinien des Motorradfahrers Traum! Die einfach perfekte Kombination aus dem schier unglaublichen Kurvenreichtum, der grandiosen Landschaft und dem meist sehr guten und griffigen Asphalt im Zusammenspiel mit den vielen warmen Sonnentagen macht aus der Insel ein echtes Eldorado für motorisierte Zweiradfahrer. Dennoch gilt es, zwei, drei Dinge zu beachten. So ziemlich hinter jeder Kurve kann etwas lauern – eine Ziege, eines der putzigen halbwilden Schweine oder einfach nur ein nicht so geschickt geparktes Auto. Es kann auch ein fahrendes Auto sein.

Viele Korsen sehen die Verkehrsregeln eher als nette Empfehlung, schneiden Kurven oder lassen es einfach mal fliegen. Nicht zu unterschätzen sind übrigens auch die Entfernungen. Auf mehr als einen Fünfziger-Schnitt zu kommen ist schwer und sowieso wenig ratsam, schließlich möchte man ja auch etwas von der Insel sehen – die Meisten jedenfalls. Ums Tanken muss man sich eher weniger Gedanken machen, das Tankstellennetz ist relativ gut ausgebaut. Es sollten jedoch immer ein paar kleine Scheine in der Geldbörse stecken. Die Tanken sind oft geschlossen und die Automaten akzeptieren des Öfteren keine deutsche Karten, wohl aber Zehner- und Zwanziger-Scheine.

GESCHICHTE

Die Geschichte Sardiniens ist recht komplex und nicht alles ist bis heute lückenlos bekannt und erforscht. Über die Nuragher, die seit etwa 2 000 v. Chr. auf Sardinien lebten, weiß man nicht einmal, ob sie einst einwanderten oder ob es sich um die sardische Urbevölkerung handelte. Sicher ist nur, dass sie es waren, die die mächtigen Steintürme bauten – eben die Nuraghen, die es in dieser Form und Fülle ausschließlich auf Sardinien gab und gibt.

Im weiteren Verlauf gaben sich auf der Insel Eroberer, Feld- und Kolonialherren die Hand. Als erstes kamen die Phönizier, vertrieben der lukrativen Erzvorkommen wegen große Teile der Nuragher. Sie selber fielen schließlich den Karthagern zum Opfer, die wiederum den Römern unterlagen. Den Zerfall des Römischen Reiches nutzten die Vandalen, später die Byzantiner zu ihrem eigenen Vorteil. Im 8. Jahrhundert kamen die Araber. Diese wiederum wurden von Pisa und Genua unter Papst Benedikt VIII. geschlagen. 1297 übernahmen die Spanier gewaltsam das Ruder, nach dem spanischen

Es mangelt nicht an Kurven und herrlichen Strecken auf der Insel.

Erbfolgekrieg die Österreicher, später die Piemontesen. 1861 wurde Sardinien Teil des jungen Italiens und 1948 schließlich eine der Autonomen Regionen der zwei Jahre zuvor gegründeten Republik Italien.

Richtig spannend ist die Rolle der überlebenden Nuragher über die Jahrhunderte hinweg. Sie zogen sich als Hirten in die unzugänglichen Berge Sardinien zurück und überfielen regelmäßig die Küstenregionen. Dort raubten sie, was sie in den Bergen nicht selber anbauen und herstellen konnten. Diese Raubzüge, die sogenannten Bardanas, hielten über fast die gesamte Geschichte Sardiniens an. Dokumentiert als letzte Bardana ist ein Überfall auf den Ort Tortoli an der Ostküste Sardiniens im Jahr 1894. Dabei töteten die aus Orgosolo kommenden Bergbewohner fast alle männlichen Einwohner Tortolis sowie eine große Zahl dort stationierter Soldaten.

Geschichten zur Region – die sardische Flagge

Ist man auf Sardinien unterwegs, begegnet man ihr auf Schritt und Tritt – der sardischen Flagge. Auf weißem Grund zeigt sie vier Mohrenköpfe mit Stirnband oder Augenbinde und ein rotes Kreuz. Unzählige Mythen und Legenden ranken sich um die Entstehungsgeschichte – keine ist letztlich wirklich bewiesen. Als relativ sicher gilt bis heute lediglich die Bedeutung

Der sardische Nationalstolz treibt hochinteressante Blüten.

Unzählige Wochenmärkte locken mit kulinarischen Genüssen.

des roten Kreuzes. Man geht davon aus, dass es das Georgskreuz symbolisiert, welches für die Befreiung von den Mauren steht und gleichzeitig das Symbol der Kreuzfahrer darstellte.

Eine der heroischen Legenden besagt, dass das Banner den Sieg des Königs Peter I. von Aragon gegen die Mauren im Jahr 1096 darstellt. Die Spanier schlugen die Mauren durch den beherzten Einsatz San Giorgios, der im Schlachtfeld vier wichtige, heerführende Prinzen köpfte. Andere Legenden behaupten, dass die vier maurischen Köpfe die vier spanischen Befreiungskämpfe in Saragozza, Valencia, Murcia und auf den Balearen symbolisieren sollen oder auch die vier sardischen Republiken, die zwischen dem 9. und dem 15. Jahrhundert existierten.

In früheren Darstellungen trugen die vier Mohren übrigens fast immer Augenbinden. Die heutigen Flaggen zeigen jedoch oft statt der Augenbinden ein Stirnband. Dies übernimmt eine Symbolik des sardischen Unabhängigkeitskampfes und steht für Befreiung und Emanzipation.

KULINARISCHES

Auch wenn Sardinien zu Italien gehört, so unterscheidet sich die traditionelle sardische Küche doch weitgehend von der italienischen. Natürlich gibt es überall auch italienische Pizza- und Pastagerichte. Die traditionelle Küche Sardiniens wendet sich jedoch eher dem Landesinneren zu. Dann stehen Ziegen- und Schweinefleisch auf der Karte, bisweilen auch Lämmer und Jagdwild. Das wird gerne auf dem Spieß gegrillt. Unser Favorit ist Porcheddu, das köstliche, über offenem Feuer lang gegrillte Spanferkel, in der Glut liegen dabei Wacholder-, Myrte- oder Rosmarinzweige.

Als Mitbringsel oder zum selber genießen: sardische Leckereien.

An der Küste werden natürlich auch Meeresfrüchte und Fisch serviert. Mit aromatischen Kräutern oder ein wenig Knoblauch, Öl oder Zitrone gewürzt, landen fangfrische Sardinen auf dem Grill, sie schmecken einfach köstlich. Aber auch andere Fischleckereien locken, wie zum Beispiel der Bottarga oder Buttariga – der Kaviar des Mittelmeeres. Dieses Gericht besteht aus dem Rogen der Großkopfmeeräsche oder des Thunfischs. Die Fischeier werden gesalzen, gepresst und an der Sonne getrocknet. Traditionell werden sie als Vorspeise mit Olivenöl gereicht, aber auch mit Butter auf Toast oder Brot gegessen. Besonders lecker schmeckt sie in der Variante Spaghetti alla Bottarga: mit Öl und Knoblauch.

Köstliche Brote gibt es ebenfalls auf Sardinien: zum Beispiel das hauchdünne und knusprige Fladenbrot Pani Carasau oder Pani Pistoccu. Bisweilen wird es ähnlich einer Lasagne mit Lammragout, Tomaten, Käse und Eiern geschichtet. Zum frischen Brot schmecken natürlich auch die hervorragenden sardischen Käsesorten. Der Dolce Sardo aus Kuhmilch oder der Frischkäse Ricotta ist ein Gedicht. Es gibt ihn oft auch direkt beim Bauern und schmeckt beim Picknick direkt doppelt gut. Den Ricotta gibt es auch als Maccarones Furriaos, als

Sardinien überzeugt mit renommierten einheimischen Rebsorten.

Nudeln mit Frischkäse oder mit Mangold in Ravioli, was dann Ravioli di Bietola heißt. Es gibt auch die Kombination Brot und Fisch: Zuppa di Pesce. Zur sardischen Fischsuppe mit Tomaten gibt es geröstete Brotscheiben.

Und wenn dann zum Abschluss Papassinus angeboten wird, sollte man auf gar keinen Fall ablehnen. Das ist das köstliche Mandelgebäck mit Anis, Zimt und Nelken. Üblicherweise werden zum Dessert leckere Kuchen oder Plätzchen gereicht. Ein echtes Highlight ist der Pappai Biancu, die „Weiße Speise": ein traditioneller sardischer Pudding, der manchmal auch mit Früchten oder Kompott gereicht wird.

Unser sardisches Lieblingsgetränk ist der Mirto, ein süßer Likör aus den Beeren der Myrte. Bisweilen wird auch ein Mirto Bianco angeboten. Der Weiße Mirto schmeckt eher trocken. Er wird aus den Blättern und Blüten der Myrte hergestellt. Lecker ist auch der Filu Ferro, eine Art Grappa aus dem Trester sardischer Trauben, der bis zu 40 Prozent Alkohol hat. Der Name bedeutet so viel wie „Eisendraht". Früher wurden illegal gebrannte Spirituosen gerne im heimischen Garten versteckt und vergraben. Um sie wiederzufinden, wurde an den Flaschen ein Eisendraht befestigt, der ein kleines Stück aus dem Boden ragte.

Sardinien ist die Insel des Weines. Es gibt ausgezeichnete Weiß- und Rotweine. Wer sich nicht auskennt, kann guten Gewissens den „Vino della Casa" ordern, den Hauswein. Erlesene Tropfen werden aus den einheimischen Rebsorten gekeltert, die auch ihren Ursprung auf Sardinien haben, wie zum Beispiel der trockene Weißwein Nuraghus, der fruchtige Weißwein Torbato oder der aromatische, dunkle Rotwein aus der Rebsorte Monica. ◄

Passiert oft: der Stopp fürs Panorama muss einfach sein!

Des Motorrad-fahrers **Traum**

Wer nach Sardinien reist, für den ist der Hafen bei Olbia das Einfallstor zum puren Motorrad-Vergnügen. Auf der legendären SS125 geht es entlang der kurzweiligen Ostküste gen Süden. Im Hinterland lockt schon bald der Höhenzug des Monte Albo mit seinen gradiosen Bergstrecken, und zwischen Dorgali und Tortoli wartet im Parco Nazionale del Golfo di Orosei eine der spannendsten Motorradrouten der ganzen Insel.

Unterwegs auf der grandiosen SS125 zwischen Dorgali und Tortoli.

TOUREN-STECKBRIEF

START- UND ZIELORT

Golfo Aranci nahe Olbia (40.994984, 9.623196)
Tortoli (39.926485, 9.657513)

STRECKENLÄNGE

ca. 235 km

DAUER DER TOUR

8 Stunden

ROADBOOK

Golfo Aranci (Fährhafen), Pittulongu, Olbia, Capo Coda Cavallo, Posada, Siniscola, Lula, Dorgali, Cala Gonone, Genna Silana, Baunei, Santa Maria Navarrese, Tortoli.

HIGHLIGHTS

Die Strada Statale 125 Orientale Sarda (SS125) zwischen Dorgali und Tortoli gehört zum Feinsten auf Sardinien und macht süchtig (40.158539, 9.507855 Pass Genna Silana).

Die grandiose SP3 zwischen Siniscola und Lula am Monte Albo weckt Erinnerungen an die Dolomiten (40.541812, 9.602553 Locanda Ammentos).

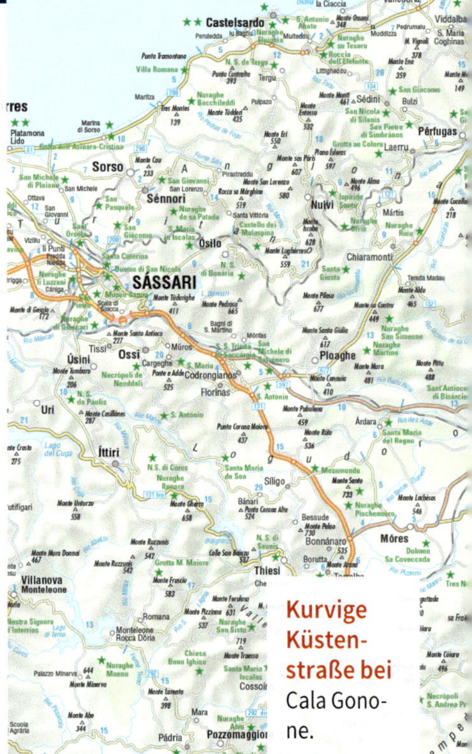

Kurvige Küstenstraße bei Cala Gonone.

Golfo Aranci
Ísola di Figarolo
Golfo di Ólbia
Ólbia
Aeroporto Int. di Olbia-Costa Smeralda
Area Marina Protetta di Tavolara-Punta Coda Cavallo
Ísola Tavolara
Ísola Molara
Coda Cavallo
Tempio Pausánia
Calangiánus
Lúras
Sant'Antonio di Gallura
Monti
Berchidda
Monte Limbara
Oschiri
Padru
San Teodoro
Monte Nieddu
Budoni
Posada
Torpe
Siniscóla
Lodè
Alà dei Sardi
Altopiano di Alà
Altopiano di Buddusó
Buddusò
Pattada
Ozieri
Bitti
Onani
Lula
Monte Albo
Orune
Irgoli
Galtellì
Orosei
NUORO
Oliena
Dorgali
Cala Gonone
Golfo di Orosei
Parco Nazionale del Golfo di Orosei e del Gennargentu
Orgósolo
Mamoiada
Fonni
Gavoi
Ollolai
Orani
Ottana
Sarúle
Urzulei
Baunei
Triei
Talána
Villagrande Strisáili
Lotzorai
Tortolì
Arbatax
Arzana
Désulo
Tonara
Sórgono
Aritzo
Meana Sardo
Gennargentu

Kreuzfahrtfeeling bei der Anreise.

Sanft schaukelt die Sardinia Regina in den Wellen. Kiki, die beste Sozia der Welt, und ich liegen in den bequemen Liegestühlen auf dem Deck, einen heißen Kaffee in der Hand und genießen die wärmenden Strahlen der morgendlichen Sonne und die Seeluft. Seit einigen Minuten gleiten im Westen die ersten sardischen Berge entlang des Horizonts.

Hinter uns liegt eine erholsame Nacht in einer der bequemen Schiffskabinen. Gestern waren wir im italienischen Livorno an Bord gegangen, vertäuten unsere Africa Twin im Bauch der 2650 Tonnen tragenden, 150 Meter langen Fähre und fielen todmüde von der Anreise in die Kojen.

Knackige Schräglagen

In knackiger Schräglage umkurvt die Fähre das Capo Figari und die Isola di Figarolo, dann wird sie auch schon langsamer und steuert den Hafen Golfo Arancis an. Ein letztes Anlege-Manöver, dann spuckt sie auch schon eine lange Reihe Autos und Motorräder an Land, die alle gleich Kurs auf Olbia, die viertgrößte Stadt Sardiniens, nehmen. Wir lassen uns Zeit, steuern erst noch den kleinen Badeort Pittulongu an. Hier gönnen wir uns ein Frühstück in einer der kleinen Bars, stärken uns erst mal mit einem Croissant, einem frisch gepressten Orangensaft und einem köstlichen Cappuccino.

Wenig später umrunden dann auch wir die Bucht von Olbia, lassen uns auf der Küstenstraße gen Süden treiben und passieren die vorgelagerten Inseln Isola Tavolara und Isola Molara. Dazwischen bietet die SS125 auch schon die ersten herrlichen Ausblicke auf das tiefblaue Tyrrhenische Meer. Zügig begleiten wir die Küste in Richtung Süden. Die Strada Statale 125 Orientale Sarda, auch kurz SS125 genannt, ist die wichtigste Staatsstraße in Sardiniens Osten. Sie führt entlang der gesamten Ostküste von Nord nach Süd. Hier oben im Norden wird ihr jedoch viel Verkehr durch die parallel verlaufende autobahnähnliche SS131 abgenommen. Unser Glück, entsprechend leer ist es hier und das eine oder andere Auto haben wir dank unserer quirligen Honda fix überholt.

Posada (oben und unten) zählt zu den schönsten Orten Italiens.

Hinter San Teodoro und seinen bekannten und beliebten Badestränden steuern wir auf kleineren Nebenstrecken Posada an. Schon von weitem erkennen wir die Ruine des Castello della Fava, das Wahrzeichen des malerisch auf einer Bergspitze gelegenen Ortes. Nicht umsonst gehört Posada zur Vereinigung „I borghi più belli d'Italia" (die schönsten Orte Italiens). Wir parken unsere Africa Twin gleich

am Rand der Altstadt und schlendern ein wenig durch die engen und urigen Gassen, staunen über die bildschönen Gemäuer und stärken uns mit einem heißen, köstlichen Espresso.

Knapp zehn Kilometer später verabschieden wir uns von der Ostküste und der SS125 und biegen ins Landesinnere ab. Wer etwas zügiger gen Süden kommen möchte, hält sich weiter an der Küstenstraße und folgt ihr über gut 60 Kilometer bis Dorgali. Wir entscheiden uns für die weiter westlich liegende Variante quer durch den Naturpark des Monte Albo. Das mächtige Kalksteinmassiv bietet auf seiner Westseite fantastische Streckenabschnitte durch schroffe Höhenzüge und immergrüne Nadelbäume. Im Frühjahr blüht hier reichlich Heiligenkraut, das mit seinen leuchtend gelben Blüten ganze Berghänge erstrahlen lässt.

Steinbruch bei la Caletta.

Sardische Dolomiten

Die weißen Felstürme und die Kalksteinlandschaften gaben der Region den Namen „Dolomite Sarde". Und tatsächlich sind diese sardischen Dolomiten eine mehr als gelungene Alternative zur Fahrt über die Küstenstraße. In unzähligen engen Serpentinen und Kurven geht es durch eine fantastische, abwechslungsreiche Landschaft. Mit dem 680 Meter hohen Ianna Portellitos gibt es sogar einen kleinen Pass unterhalb des bei Mountainbikern und Wanderern sehr geschätzten 1057 Meter hohen Punta Ferulargiu. Ganz in der Nähe, unübersehbar an der Straße, lockt die Locanda Ammentos, ein beliebter Wander- und Motorradtreff, der herzhafte sardische Küche und Erfrischungen zu fairen Preisen bietet.

Am Monte Creja überqueren wir die SS131 und den Rio Isalle, wenig spä-

Farbenfrohe olzhäuschen bei Dorgali.

ter den Stausee Lago del Cedrino. Der führt gerade mal wieder, der extremen Trockenheit auf Sardinien wegen, extrem wenig Wasser. Dann geht es auch schon auf kurvigem Asphalt hinauf nach Dorgali. Natürlich lassen wir es uns nicht nehmen, einen Abstecher hinunter nach Cala Gonone zu wagen. Der quirlige Badeort, direkt am Golfo di Orosei gelegen, begeistert uns zwar nicht so sehr, aber die Strecke dorthin ist ein echter Knaller.

Serpentine folgt auf Serpentine, dazwischen gibt's immer wieder herrli-

Stets Präsent ist die sardische Flagge, mitunter auch mitten auf der Straße.

che Ausblicke auf den Golf und aufs offene Meer. Wir fliegen die grandiose Strecke gleich wieder empor und legen oben um langen Straßentunnel erst mal eine kurze Verschnaufpause ein.

Nicht ganz ohne Grund, denn nun beginnt eine der anspruchsvollsten und herausforderndsten Streckenabschnitte Sardiniens. Die kommenden 50 Kilometer zwischen Dorgali und Tortoli sind ein einziger, nie enden wollender Kurvenspaß in einer fantas-

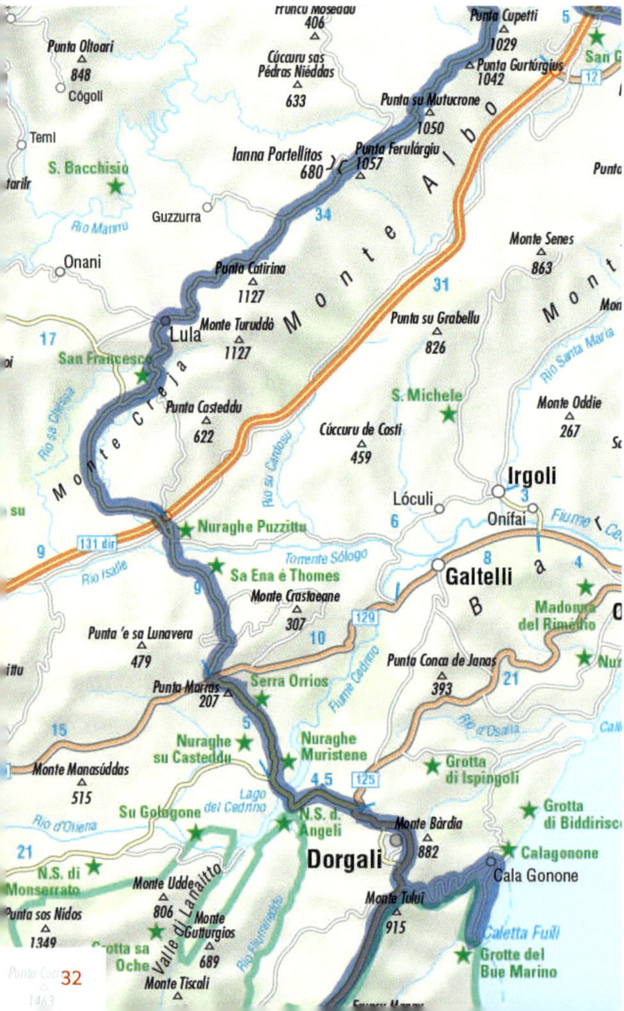

tischen Berglandschaft. Gleich hinter der Tunnel-Einfahrt nach Cala Gonone geht der Kurvenspaß los. In wilden Schwüngen geht es immer höher hinauf in Richtung des 1012 Meter hohen Punta Scala Manna. Der Blick hinunter in die Schluchten des Naturparks Parco del Golfo di Orosei e del Gennargentu sind einfach umwerfend. Mehr als einmal rollen wir am Straßenrand aus und genießen die tollen Panoramen.

Der Pass Genna Silana markiert in 1017 Metern Höhe den höchsten Punkt dieser beeindruckenden Strecke. Der ist ein beliebter Moppedtreff und wer mag, gönnt sich einen kleinen Imbiss. Zudem ist der Pass ein guter Ausgangspunkt für die sehr empfehlenswerte Wanderung hinunter in die mächtigeGorropu-Schlucht.Aufeinem alten Maultierpfad geht es entlang steiler Felswände in die Tiefe. Mit rund 400 Metern Höhe werden diese Felswände in Europa nur noch von der provenzalischen Verdon-Schlucht übertroffen.

Giro d'Italia

Wir können uns kaum losreißen von dieser herrlichen Kulisse – nehmen uns vor, demnächst auch mal mit Wanderschuhen hier anzutreten. Dann schwingen wir uns wieder auf unsere Honda und düsen weiter in Richtung Süden. Noch vor wenigen Wochen ist hier die riesige Kolonne des 100. Giro d'Italia entlang gerast. Die Zweirad-Profis dürften weniger Begeisterung für die hinreißende Landschaft haben.

Das gilt übrigens auch für den einen oder anderen Motorradfahrer. Wir haben den Eindruck, so mancher möchte hier auch seine ganz persönliche Bestzeit herausfahren. Zwar verleitet der

AUTOREN-TIPP

NURAGHEN Jeder Sardinien-Reisende dürfte sie schon einmal gesehen haben, prähistorische Turmbauten in verschiedenen Formen und Erhaltungszuständen. Rund 10 000 dieser Nuraghen sind wohl auf Sardinien errichtet worden, heute finden sich noch Überreste von etwa 7 000 dieser Anlagen. Entstanden sind sie meist in der Zeit zwischen 2 000 v. Chr. und 400 v. Chr. Deutete man sie früher meist als Festungsbauten oder Burgen, tendieren Wissenschaftler heute dazu, sie als historische Kultstätten zu betrachten. Dafür spricht, dass die Öffnungen der Nuraghen häufig auf astronomische Punkte ausgerichtet sind. Auch die einheitliche Hinwendung der Eingänge spricht dafür.

Auch in komplexeren Nuraghen steht fast immer ein Turm im Zentrum. Dieser Turm wurde kunstvoll mit großen Steinblöcken ohne Mörtel oder sonstige Mittel aufgeschichtet. Eine ganze Reihe der Nuraghen auf Sardinien haben darüber hinaus weitere Anbauten oder sind sogar zu Nuraghensiedlungen zusammengefasst.

Zu den schönsten Nuraghen zählen die von Su Nuraxi in Barumini (**GPS** 39.706530, 8.991362), der Nuraghe Arrubiu bei Orroli (**GPS** 39.662546, 9.295624) und das Nuraghendorf von Tiscali in Dorgali (**GPS** 40.255482, 9.491158).

Südlich von Dorgali locken tolle Aussichtspunkte.

Die SS125 zwischen Dorgali und Tortoli ist wahrhaft genial.

griffige Asphalt und die geniale Straßenführung durchaus zum Tiefflug, aber wie so manche Bremsspur zeigt, auch zur Selbstüberschätzung. Nebenbei bemerkt: Der sardische Autofahrer neigt bisweilen zum Kurvenschneiden. Man sollte es also nicht übertreiben. Aber das gilt ja eigentlich überall.

Prima Pässereigen

Der 906 Meter hohe Pass Genna Cruxi folgt auf dem Fuß. Genna Sarbene und Genna Scalas setzen den Pässereigen in 764 und 666 Metern Höhe fort. Der 724 Meter hohe Genna Coggina und der Genna Arramene in 590 Metern Höhe führen schließlich nach Baunei. Das einladende Bergstädtchen liegt 480 Meter hoch und sehr schön direkt zu Füßen des mächtigen Altipiano Su Golgo. Hier lassen sich durchaus ein paar Urlaubstage verbringen.

Kalkfelsen erinnern an die Dolomiten.

Die sardischen Bergstrecken sind ein Eldorado für Zweiradfahrer.

Fantastische Motorradstrecken führen von hier in die Insel hinein, spannende Wanderwege erschließen die umliegenden Schluchten und Gipfel und gleich östlich des Ortes wartet die steile Felsküste des Thyrrenischen Meeres auf neugierige Entdecker. Im Ort selbst treffen sich übrigens regelmäßig jede Menge Motorradfahrer, Mountainbiker und Bergwanderer. Auch Kiki und ich strecken unsere Beine unter den Tisch eines der einladenden Cafés und genießen das muntere Treiben und die tollen Ausblicke.

Bei Santa Maria Navarrese lädt die Küste zum Baden ein.

Die letzten Kilometer dieser einmaligen Bergroute führen uns hinunter an die Küste in Richtung Tortoli, dem Ziel dieser Route. Tortoli und das wenige Kilometer davor liegende Lotzorai sind nette Touristendörfchen und hier ist fast jederzeit eine ansprechende Unterkunft zu bekommen. Kiki und ich biegen jedoch kurz vorher nach Santa Maria Navarrese ab. Das kleine Küstendörfchen ist unser Geheimtipp: Einfach schön gelegen, mit netten Badestränden und einer kleinen, aber feinen Promenade lädt es zum Verweilen. Besonders der nahe gelegene Campingplatz Mare blu hat es uns angetan. Sehr einfach gestrickt, aber in grandioser Lage direkt am Wasser. Hier bauen wir unser Zelt direkt am Sandstrand auf, genießen unser Abendessen mit Blick auf die sanft rauschenden Wellen und lassen einen fantastischen Tourentag ausklingen. ◄

INFOS ZUR TOUR

CHARAKTERISTIK

Extrem abwechslungsreich – anders kann man diese Tour nicht beschreiben. Die anfänglich beschauliche Küstenstraße südlich des Golfo di Olbia geht in faszinierende, kurvenreiche und enge Bergstrecken westlich des Monte Albo über. Das grandiose Finale erfolgt schließlich auf der SS125 zwischen Dorgali und Tortoli auf einer perfekt ausgebauten, garantiert süchtig machenden Bergetappe, die auf Sardinien ihresgleichen sucht.

PÄSSE DER TOUR

Der Ianna Portellitos liegt in 680 Metern Höhe. Zwischen Dorgali und Tortoli locken Genna Silana auf 1017 Metern und der 906 Meter hohe Genna Cruxi, anschließend Genna Sarbene und Genna Scalas auf 764 und 666 Metern. Der 724 Meter hohe Genna Coggina und der Genna Arramene in 590 Metern Höhe folgen.

ÜBERNACHTUNG

Campeggio Mareblù
Localita Tancau, bei Santa Maria Navarrese
I-08040 Lotzorai
Recht einfacher, aber sehr schön direkt am prima Sandstrand gelegener Campingplatz, saubere Duschen, kleine Bar, nette Leute.
www.mareblucamping.it
GPS 39.980164, 9.685661

Agriturismo Su Vrau
Localita Su Vrau, I-08020 Posada
Helle, freundliche Zimmer, Terrasse, Garten, Schwimmbad, Werkstatt, überdachte Stellplätze, geführte Touren, nettes Team.
www.agriturismosuvrau.com
GPS 40.630884, 9.694705

KOMBINATIONSMÖGLICHKEITEN

Diese Route ist quasi der Einstieg nach Sardinien und lässt sich direkt mit den Touren 8 und 4 kombinieren, aber auch mit der nordöstlichen Tour 10. Wer noch ein paar Kilometer drauflegen möchte, macht nach dem Monte Albo noch ein Schlenker über das schöne Orosei mit seiner historischen Altstadt.

Mittendrin

Im Dreieck zwischen Nuoro. Budduso und Macomer liegt die zentrale Hochebene. Hier führen kurzweilige Landstraßen durch eine Region, die von der Zeit vergessen scheint. Kurvenreiche Bergstraßen laden zu spannenden Entdeckungsreisen fernab der Küsten. Es geht vorbei an abgeschiedenen Weilern, einsamen Dörfchen und entlang ausgetrockneter Bachläufe. Eine Tour für Landschaftsgenießer.

Südlich von Ozieri: des Motorradfahrers Traum.

TOUREN-STECKBRIEF

BASISORT
Macomer (40.265618, 8.778083)

STRECKENLÄNGE
ca. 245 km

DAUER DER TOUR
7 Stunden

ROADBOOK
Macomer, Silanus, Burgos, Bono, Bultei, San Saturnino, Benetutti, Orune, Bitti, Budduso, Pattada, Ozieri, Catena del Goceano, Catena del Marghine, Macomer.

HIGHLIGHTS
Die SP389 im Westen der Strecke vor und hinter Bitti lädt zu reichlich Kurvenspaß und Schräglagen ohne Ende (40.477873, 9.378267 Bitti).

Nicht weniger kurvenreich, aber etwas ruhiger ist die herrliche Bergstrecke entlang des Catena del Goceano (40.467686, 9.043622 SP36 bei Bultei).

Sardiniens Export-schlager: der Kork der Korkei-chen.

Ozieri
Pattada
Buddusò
Altopiano di Buddusò
Mores
Bonnánaro
Torralba
Bultei
Benetutti
Nule
Bitti
Orune
Anela
Bono
Bottidda
Burgos
Catena del Goceano
Altopiano della Campeda
Bonorva
Illorai
Bolótana
Silánus
Bortigali
Macomer
Catena del Márghine
Orotelli
Nuoro
Oliena
Ottana
Orani
Sarule
Mamoiada
Orgósolo
Bórore
Sédilo
Altopiano di Abbasanta
Lago Omodeo
Ghilarza
Abbasanta
Norbello
Paulilátino
Gavoi
Ollolai
Fonni
Sórgono
Tonara
Désulo
Busachi
Samugheo
Meana Sardo
Aritzo
Gennargentu
Láconi
Villaurbana
Seui
Mandrolisai

Macomer ist nicht nur unser Basislager für diese interessante Tour durch die Region Marghine und das gleich nordwestlich davon liegende Altopiano di Buddusò, wir schätzen das 10000 Einwohner-Zentrum der Region auch als interessanten Ort, in dessen näherer Umgebung man viel unternehmen kann.

Zahlreiche archäologische Stätten, die nahe Küste und die gemütlichen Bars und Restaurants machen den

Der Nuraghe von Silanus ist Zeuge der Vergangenheit.

Weites Panorama bei Bono.

Aufenthalt immer wieder interessant. Von hier aus lässt sich prima das Dreieck zwischen Macomer, Nuoro und Budduso erkunden – eine ruhige, bei vielen Sardinien-Reisenden eher unbekannte Gegend.

Unter Nuraghen

Eine der archäologischen Stätten ganz in der Nähe von Macomer, die zudem als eines der beliebtesten Fotomotive Sardiniens gilt, ist heute morgen auch gleich unser Ziel. Nach dem Frühstück verließen wir die Stadt in Richtung Westen auf der SS129 und trudelten schon ein paar Minuten später am Nuraghe Santa Sabina ein.

Der mächtige, fast 3000 Jahre alte Steinturm steht direkt neben einer urigen Kapelle aus dem 11. Jahrhundert. Im Turm ist noch die alte Steintreppe erhalten und wer sich traut, erreicht über die ausgetretenen Stufen die obere Plattform. Zur Belohnung gibt es einen tollen Blick über die umliegende Landschaft.

Weiter geht es auf der gut ausgebauten Landstraße. Ein schneller Dreh am Gasgriff, vorbei an zwei, drei Autos. Dann lotsen uns auch schon die Schilder von der Hauptstraße weg in Richtung Burgos. Das kleine Bergdorf ist überschaubar, besteht nur aus ein paar Straßen. Überragt wird der Ort von der Ruine seines Castells, die weithin

Knapp daneben ist auch vorbei.

sichtbar auf einem spitzen, hohen Felsen über Burgos in den Himmel ragt. Natürlich wollen wir einen Blick darauf werfen, folgen den kleinen Hinweisschildern, scheitern aber leider am verschlossenen Tor. Heute wird es nichts mit einer kleinen Klettertour in den Ruinen.

Dafür entschädigen uns aber die nun folgenden Kilometer. Bis Bultei gibt die Straße alles. Kurve folgt auf Kurve, wild schlängelt sich der Asphalt durch die Landschaft, nur kurz unterbrochen von Bono, das vielleicht sogar noch ein bisschen kleiner ist als Burgos. Einige Nuraghe liegen in unmittelbarer Umgebung von Bultei, gleich südöstlich schließen sich die Thermen an.

Schon die alten Römer wussten diese Gegend zu schätzen und nutzten die heißen, sprudelnden schwefel- und eisenhaltigen Quellen als Gesundheitsbrunnen. Unter dem Namen Aquae Lusitanae waren diese weit über die Grenzen der Region hinaus bekannt.

AUTOREN-TIPP

TAMULI Nur ein paar Minuten südwestlich von Macomer liegt gleich zu Füßen des gut 800 Meter hohen Monte Sant'Antonio die spektakuläre Ausgrabungsstätte Tamuli (**GPS** 40.260489, 8.719667). Ein gut erhaltenes Dorf aus der Bronzezeit, ein Nuraghe, Gigantengräber und diverse andere Kult- und Hinkelsteine locken Archäologen und Besucher.

Am augenfälligsten ist der Nuraghenturm. Auf einer Felskuppe steht der zentrale Turm aus mächtigen Felsblöcken, rechts und links ergänzt durch zwei Seitenwarten. Ein großes Rätsel geben die sechs Steinsäulen auf, die die Gräber der Totenstadt flankieren. Welchen Zweck die drei- bis viertausend Jahre alten Hinkelsteine einst erfüllten, weiß bis heute niemand zu sagen.

Eine weit verbreitete Legende besagt, dass es sich um drei Händler und drei Bauern handelte, die sich auf der Marghine-Hochebene trafen. Es kam zu einem heftigen Streit zwischen ihnen und schließlich beschimpften sich die sechs Männer so sehr, dass sie zu Stein erstarrten – als Mahnung für ein respektvolles Miteinander.

Das kann man glauben, muss man aber nicht. Sicher ist jedoch, dass sich ein Besuch bei der fantastischen Ausgrabungsstätte allemal lohnt. Auch wenn man sich sonst eher weniger für Archäologie interessiert, dieser Ort hat einfach eine gewisse Ausstrahlung.

Kurvenorgie

Wir kreuzen den Rio Tortu, lassen die Quellen rechts liegen und düsen mit einer Schleife über Benetutti gen Süden. Auch hier liegen zahlreiche archäologisch interessante Relikte, Fels- und Gigantengräber, Nuraghen und Dolmen. Ein Paradies für Forscher, aber auch für Motorradfahrer. Schließlich sind die Straßen kaum befahren, aber dafür griffig und es macht viel Laune, hier durch die abwechslungsreiche Landschaft zu cruisen.

Langsam lässt die Kurvenorgie ein wenig nach, einige gerade Streckenabschnitte lassen Zeit zum Luftholen und in einem großen Bogen geht es um den 725 Meter hohen Berg Contra de Revorte herum. Hier liegen die südlichen Ausläufer der Hochebene Altopiano di Budduso, die Landschaft wird eher sanft hügelig als spektakulär bergig. Entspannt rollen wir zwischen

Hausbesichtigung im Nuraghe bei Budduso.

grüner Macchia und grauem Felsgestein hindurch, nur ganz selten fällt unser Blick mal auf einen einsamen Hof oder ein bewohntes Haus.

Entspannungsmodus

Das ändert sich schnell, als wir etwas später die Strada Statale SS389 erreichen. Die führt von der Provinzhauptstadt Nuoro nach Budduso und ist deshalb schon etwas befahrener. Macht aber nichts, mit unserer Honda sind wir schnell an dem einen oder anderen Auto vorbei. Naja, an fast jedem jedenfalls.

Es ist nicht wirklich ungewöhnlich, dass sich ein sardischer Autofahrer, der eben noch mit 90 über die Straße rollte, auf seine rennfahrerischen Qualitäten besinnt, wenn er überholt wird. Für manche scheint das Überholtwerden eine ganz persönliche Niederlage zu sein. So auch für den SUV-Piloten vor uns, der plötzlich ein ganzes Stück schneller wird, als ich ansetze. Soll er ruhig, wir sind schließlich im Entspannungsmodus unterwegs. Er gibt sich

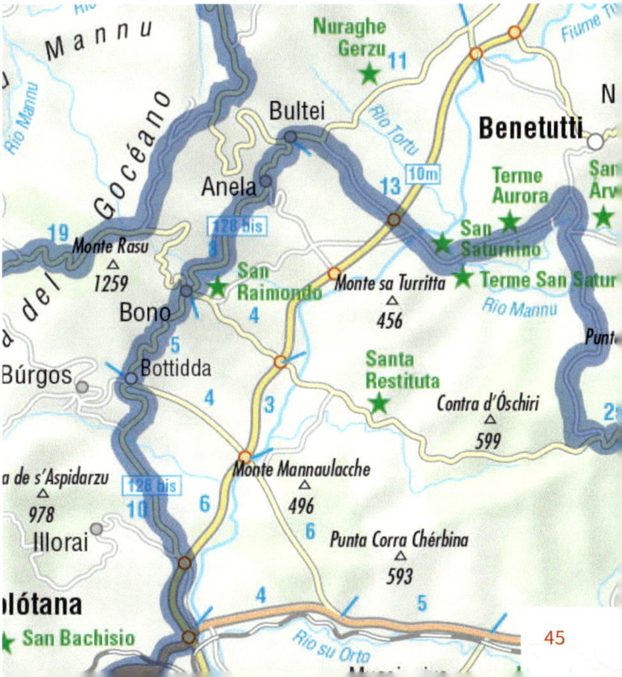

Orune mit der heiligen Quelle.

auch richtig Mühe. Spätestens beim Abzweig nach Orune entschwindet er schließlich ganz unseren Blicken.

Das kleine Orune, vor allem bekannt durch seine ganz in der Nähe liegende heilige Quelle, empfängt uns mit einem einladenden Café. Prima, genau die richtige Zeit für einen leckeren Cappuccino. Übrigens, der italienische Cappuccino unterscheidet sich fast immer vom deutschen Cappuccino durch seine Zusammensetzung. Unsere südlichen Nachbarn mischen Espresso mit eher flüssigem Milchschaum, ähnlich halb geschlagener Sahne. Zusätzliche Milch findet keinen Weg in die Cappuccino-Tasse, auch Schlagsahne ist darin unüblich. Und auch die passende Zeit für den Cappuccino-Genuss sieht der Italiener anders.

Hier wird er fast ausschließlich am Vormittag und natürlich zum Frühstück genossen. Das hat sogar einen Grund: Der hohe Milchanteil macht den Cappuccino zu einem magenfüllenden, sättigenden Getränk und nach

Es waren viel mehr als nur „2“.

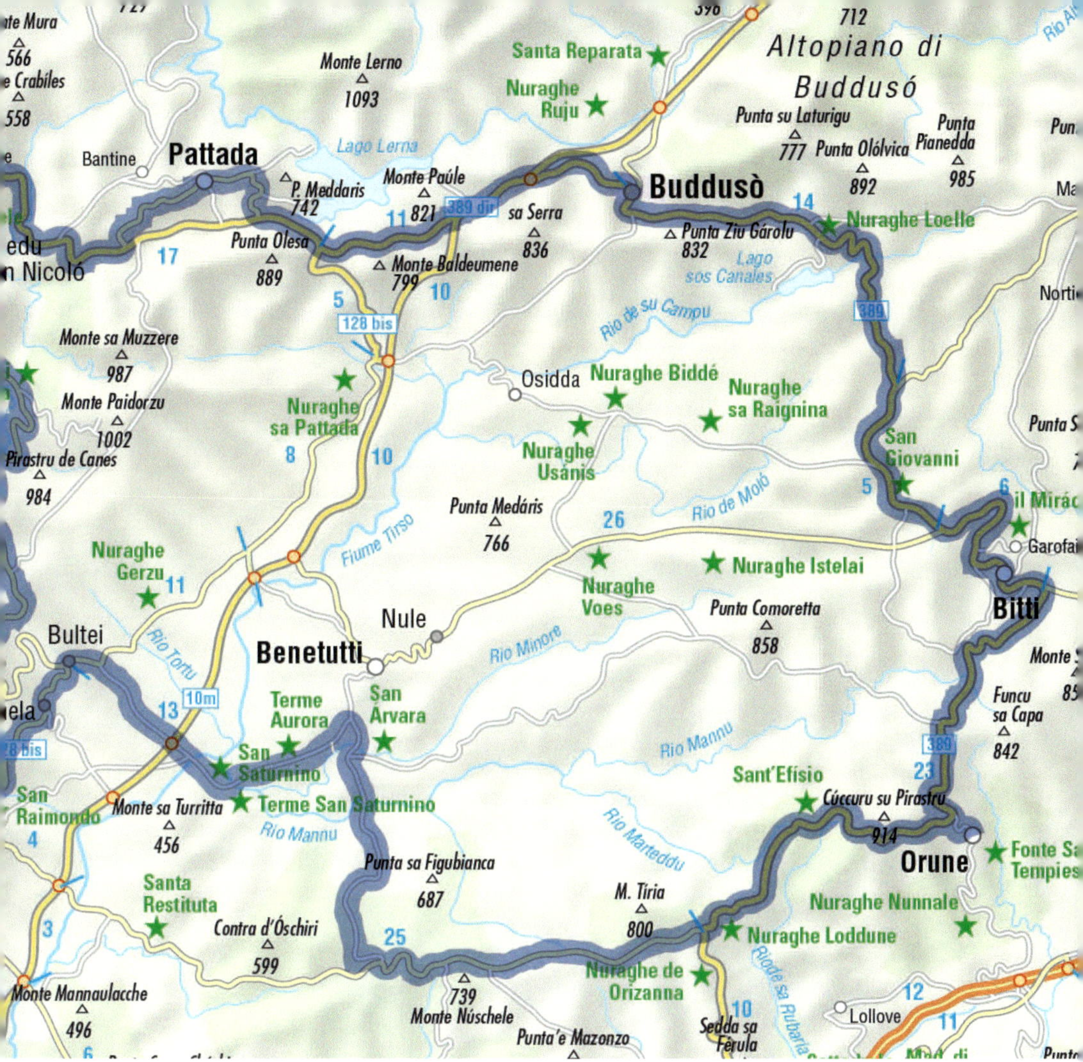

der Mittagszeit trinkt der Italiener seinen Kaffee als Muntermacher. Da ist ein schwarzer, starker Espresso natürlich gleich viel willkommener.

Carta di Musica

Zurück auf der SS389 rauschen wir weiter gen Norden und erreichen bald Bitti. Das sympathische Bergdorf mit seinen gerade mal 2 500 Einwohnern ist vor allem durch sein Pane Karasau bekannt. Das getrocknete Hirtenbrot aus Weizenmehl, Hefe und Salz ist so dünn, dass es auch Carta di Musica (Notenpapier), genannt wird. Diese leckere, sardische Spezialität stammt

Cappuccino mit Herz.

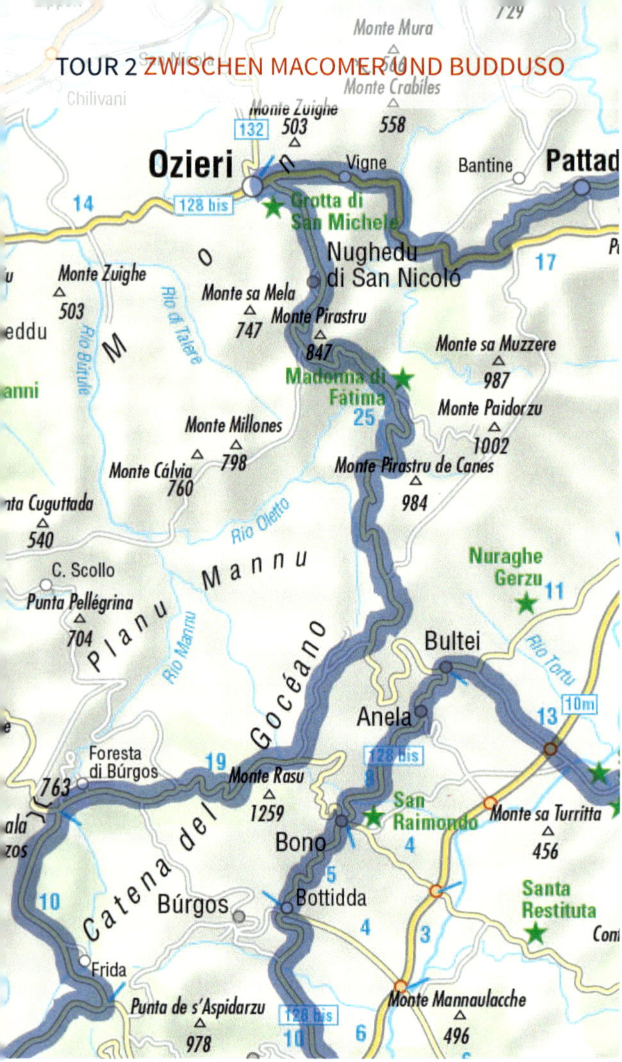

nicht zuletzt aus Bitti. In der sardischen Küche wird es auch als Lasagneplatten verwendet.

Unsere Lieblingsvariante ist das Pane Guttiau. Bei dieser Speise wird das Brot nochmals angeröstet und einfach mit frischem Olivenöl und einer Prise Salz beträufelt. Klar, dass wir uns in einem der Läden in Bitti damit eindecken. Schließlich wartet erneut ein Picknick auf uns.

Auf der SS389 verlassen wir Bitti und folgen den Schildern nach Budduso. Etwas nördlich überqueren wir dabei in 825 Metern Höhe den Pass Punta Nuria. Nur wenige Minuten später passieren wir mal wieder zwei Nuraghe. Vor allem der etwas nördlicher stehende Nuraghe Loelle ist bekannt durch die ganz in der Nähe liegenden Gigantengräber und Rundhütten.

Genau zwischen den beiden Nuraghe zweigt eine kleine Stichstraße in den Westen ab. Sie führt zum Lago Sos Canales. Der liegt recht idyllisch inmitten der einsamen, grünen Landschaft, der perfekte Ort für eine erholsame Mittagspause. Den anschließenden Espresso gönnen wir uns in einem der einladenden Cafés von Budduso.

Am Lago Lerno

Etwas weiter westlich erreichen wir bald den nächsten See, den Lago Lerno. Er liegt in dem mächtigen Waldgebiet des Monte Lerno. Hier liegen zahlreiche alte Steineichenwälder und große Korkeichenbestände. Die

Kurven, Kurven und noch mehr Kurven.

Region ist bekannt für die gute Qualität des Korks und er wird in großen Mengen produziert. Rechts und links der Straße huschen unzählige, oft frisch geschälte Eichen an uns vorbei. Dass auch die halbwilden korsischen Schweine auf frische Eicheln stehen ist anhand der Spuren am Straßenrand nicht zu übersehen. Zwar bekommen wir hier und heute keines der Borstenviecher zu sehen, es ist aber nicht selten, dass sie sich im Wald des Monte Lerno auch auf dem Asphalt tummeln.

Mit einem Schlenker über Pattada erreichen wir bald den nordwestlichsten Punkt unserer Tour, das Städtchen Ozieri. Ozieri ist nicht nur ein bildschöner Ort, sondern auch das Zentrum des Logudoro, des Kernlands des nordwestlichen Sardiniens. Das Logudoro ist vor allem für seine Milch- und Käseproduktion bekannt, die auch die wichtigste Einnahmequelle der gesamten Region darstellt. Leckere lokale Spezialitäten gibt es frisch in den Läden Ozieris, man sollte sie sich nicht entgehen lassen.

Um ein bisschen von dem schönen Ort zu sehen, kurven Kiki und ich mit der Honda durch die schmalen Gassen hinauf in Richtung der Cattedrale

Südlich von Ozieri ist geteilte Freude ist doppelte Freude.

Achtung! Hier kommt eine kleine Schweinerei.

Natur pur rund um Ozieri.

dell'Immacolata. Noch etwas oberhalb davon liegt das archäologische Museum: Die Fahrt hinauf lohnt schon wegen der interessanten Gassen und Fassaden.

Aber Vorsicht, ganz unbedarft sollte man am Lenker nicht sein, die steilen Straßen und engen Knicke erfordern eine gewisse Fahr-Erfahrung. Und noch etwas sollte man sich in Ozieri nicht entgehen lassen: die römische Brücke Ponte Romano. Sie steht seit rund 2 000 Jahren etwas nördlich des Ortes und überspannte einst den Riu Mannu. Da der inzwischen verlegt wurde, liegt die Brücke heute einsam und verlassen zwischen trockenen Gräsern und Büschen, eine urige Kulisse.

Wir verlassen Ozieri gen Süden und düsen entlang des Bergrückens Catena del Goceano in Richtung Macomer. Der Asphalt folgt den schroffen Flanken der Berge und entsprechend kurvenreich ist sein Verlauf. Mittendrin liegt in 1042 Metern Höhe der Passo Ucc' Aidu, der uns mit tollen Serpentinen und Kurven weiter in Richtung Süden entlässt. Entlang des Catena del Marghine erreichen wir schließlich wieder unseren Ausgangsort Macomer und beenden damit diese interessante Rundtour. ◂

INFOS ZUR TOUR

CHARAKTERISTIK

Mit dieser Tour wird alles geboten, was es so an Straßen auf Sardinien gibt. Von der schnellen Etappe auf der gut ausgebauten Landstraße mit griffigem Asphalt bis zum winkeligen Bergsträßchen, bei dem es gilt, die Augen offen zu halten und auf Sand, Steine und auf sonstige Dinge zu achten, die eigentlich nicht auf die Straße gehören. Es geht durchaus anspruchsvoll zur Sache und man sollte sich die eine oder andere Pause gönnen.

PÄSSE DER TOUR

Zwischen Bitti und Budduso überqueren wir in 825 Metern Höhe den Pass Punta Nuria. Im Höhenzug Catena del Goceano liegt der 1042 Meter hohe Passo Ucc' Aidu, umgeben von tollen Serpentinen und Kurven.

ÜBERNACHTUNG

La Casa Antica B&B
Corso Umberto I 142, 08015 Macomer
Sehr nettes, preiswertes Bed & Breakfast mit drei Zimmern in zentraler Lage, süßes Frühstück, kostenfreie Parkplätze
www.bnblacasaantica.com
GPS 40.265700, 8.778009

Casa Castori
Via Eleonora d'Arborea 16, 08015 Macomer
Freundliches B&B in zentraler Lage, sechs urige Zimmer, Frühstück in der eigenen Bäckerei, leckere Pizzeria gleich gegenüber
www.casacastori.com
GPS 40.265803, 8.783008

KOMBINATIONSMÖGLICHKEITEN

Via Nuoro lässt sich diese Tour prima mit Tour 3 kombinieren. Etwas östlich schließt sich die Tour 1 an. Zusätzliche Kilometer für Vielfahrer locken ebenfalls östlich dieser Route rund um den Monte Albo-Bergrücken.

Im Land der **Barbaren**

Die Monti del Gennargentu sind das höchste Gebirge Sardiniens, seine nördlichen Ausläufer ziehen sich bis in die Barbagia, in das Land der Barbaren. Hier lässt es sich fantastisch auf wild geschwungenen Landstraßen cruisen und auf einsamen Nebenstrecken auf Entdeckungsreise gehen. Zudem locken viele der bildschönen Bergdörfer mit ihren beeindruckenden Murales, den oft zeitkritischen aber stets kunstvollen Wandgemälden.

Unterwegs bei Fonni, dem höchstgelegenen Bergdorf Sardiniens.

TOUREN-STECKBRIEF

BASISORT

Nuoro (40.319799, 9.321123)

STRECKENLÄNGE

ca. 215 km

DAUER DER TOUR

7 Stunden

ROADBOOK

Nuoro, Monte Ortobene, Oliena, Orgosolo, Mamoiada, Fonni, Desulo, Aritzo, Tonara, Sorgono, Teti, Tiana, Lago di Gusana, Gavoi, Mamoiada, Nuoro

HIGHLIGHTS

Gleich zu Beginn der Tour lockt der Monte Ortobene zum grandiosen Panorama in 955 Metern Höhe (40.320344, 9.371791).

Der Passo di Caravai liegt irgendwo im Nirgendwo, die Anfahrt von Fonni macht mächtig Laune (40.097116, 9.334869).

Eines von vielen: Panorama bei Nuoro.

NUORO
Oliena
Orgósolo
Mamoiada
Gavoi
Fonni
Ovodda
Tonara
Dèsulo
Sórgono
Aritzo
Belvì
Parco Nazionale del Golfo
Gennargentu
Orune
Orotelli
Ottana
Orani
Sarúle
Ollolai
Teti
Aústis
Tiana
Meana Sardo
Láconi
Seui
Árzana
Villagrande Strisáili
Passo di Caravai 1118
Arcu Correboi 1246
Punta la Mármora 1834
Bruncu Spina

Kunst und Aussage in Orgosolo (oben) und ansprechende Weinberge bei Mamoiada (rechts).

Nuoro, die Hauptstadt der gleichnamigen Provinz liegt in gut 600 Metern Höhe auf einem Hochplateau, umgeben von hügeligem Land, gespickt mit dichter Macchia, grünen Weinlagen, goldbraun schimmerndem Land und grauen, karstigen Felsen. Fast 37 000 Einwohner zählt das quirlige Zentrum der Region und in den vielen engen Gassen ist fast immer etwas los.

Ganz in der Nähe Nuoros Kathedrale sitzen Kiki und ich in einem gemütlichen Café auf der Corso Garibaldi, der zentralen Einkaufsmeile, und genießen unser Frühstück. Ciabatta mit frischem Käse, ein bisschen Marmelade, dazu ein dampfender Cappuccino, was will man mehr. Gestern Abend war es kein Problem, mitten im Zentrum spontan ein Zimmer zu bekommen. Dass es kein Frühstück dazu gab, war für uns kein Problem, Bars und Cafés gibt es in Nuoro schließlich jede Menge und an der frischen Luft schmeckt es eh viel besser.

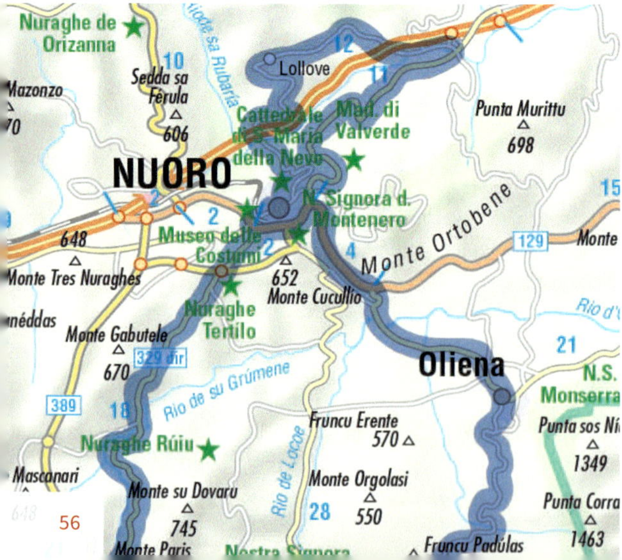

Wenig später sitzen wir schon auf unserer Honda und erklimmen Nuoros Hausberg, den knapp 1000 Meter hohen Monte Ortobene. Von dessen Gipfel bietet sich ein fantastischer Blick in die umliegende Region. Dabei schaut uns beständig der sieben Meter große Redentore, der Erlöser, über die Schulter. Die mächtige Bronzestatue ist jährlich Ende August Ziel einer der größten und buntesten Prozessionen Sardiniens. Auf der anderen Seite des Ortobene stürzen wir uns über Kurven in die Tiefe und halten uns gen Süden, in Richtung Oliena.

Weiße Dörfer

Das weiße Dorf liegt direkt an den Hängen des Supramonte, des zweithöchsten Gebirges Sardiniens. Dessen höchste Erhebung, der 1463 Meter hohe Monte Corrasi, ragt hoch über Oliena empor. Zu seinen Füßen gelangen wir auf der SP22 immer weiter gen Süden und folgen damit den Schildern nach Orgosolo. Griffiger Asphalt, eine Kurve nach der anderen, geht es durch dichtes Grün, über den einen oder anderen Grat, dann wieder hinunter ins Tal.

AUTOREN-TIPP

MURALES heißen die in Sardinien inzwischen weit verbreiteten Wandgemälde. In vielen Dörfern und Städten finden sie sich auf Hauswänden und Mauern. Als Hochburg dieser oft zeitkritischen Kunstform gilt Orgosolo südlich der Provinzhauptstadt Nuoro. Mit seinen über 150 Murales ist Orgosolo inzwischen weit über die Grenzen Sardiniens hinaus bekannt.
GPS 40.205299, 9.353591.

Es war 1968, im wilden Jahr der Studentenbewegung in ganz Europa, als die anarchistische Gruppe Dioniso aus Mailand nach lateinamerikanischen Vorbild in Orgosolo das erste Wandbild realisierte und damit einen Stein ins Rollen brachte. Der aus Siena kommende und der kommunistischen Partei nahestehende Kunstlehrer Francesco del Casino führte das Werk mit seinen Schülern weiter. Themen waren der Protest gegen einen NATO-Übungsplatz, gegen Politik und korrupte Wirtschaft, gegen Krieg und Unterdrückung. Aber auch Steuern und Wasserknappheit sowie das Leben der einfachen Hirten und der Erhalt der sardischen Sprache wurden thematisiert. Viele weitere Künstler griffen danach weiterhin zu Farbe und Pinsel, sowohl lokale als auch von weither kommende.

Noch heute entstehen auf ganz Sardinien kunstvolle Wandgemälde. Thematisch wenden sie sich jedoch zunehmend eher den heimischen und folkloristischen Themen zu.

Traumstrecke im Herzen der Barbagia.

Abwechslung pur – eine fantastische Strecke. Noch ein paar letzte Kehren, dann erreichen wir Orgosolo. Das Bergdorf ist weit über Sardinien hinaus für seine großen Wandgemälde, die Murales, bekannt. Klar, dass wir erst einmal eine große Runde durch das Dorf drehen, hier und da in kleine Seitengassen abbiegen und über die vielen kleinen Plätze rollen.

Gut 150 Murales sollen es sein, die hier seit den 1960er Jahren entstanden sind. Wir haben sie zwar nicht alle gezählt, glauben es aber gerne. An jeder freien Hauswand, an fast jeder Mauer prangt eines dieser spannenden Gemälde, oft mit einem Text versehen, der sich uns leider nicht erschließt. Aber die Bilder sprechen glücklicherweise meist für sich.

Banditenkultur

Und für noch etwas ist Orgosolo berühmt, oder sollte ich eher sagen, berüchtigt: für seine Banditenkultur und blutige Geschichte. So stürmten zum Beispiel noch im Jahr 1894 die Orgolesen im Rahmen der Bardenas genannten Raubzüge ins Tal und mordeten und plünderten im Dorf Tortoli. Dabei starb nicht nur fast die gesamte männliche Bevölkerung dieses Ortes, sondern auch viele der dort stationierten Soldaten.

Tolle Bergstrecken gibt's in den Ausläufern des Gennargentu.

Solche Aussichten wie hier bei Fonni sind immer einen Stopp wert.

Noch zu Beginn des 20. Jahrhunderts brach in Orgosolo eine blutige Familienfehde aus, in deren Verlauf mehr als 50 Menschen getötet wurden. Kurz nach dem Zweiten Weltkrieg flammte sie erneut auf, und erst in den 1950er Jahren wurde es langsam ruhiger in Orgosolo, als ganz Italien auf das „Banditennest" aufmerksam wurde. Heute ist es hier zum Glück ungleich friedlicher und der ganze Ort macht einen entspannten Eindruck.

Kurven gen Süden

Wir machen uns nach Mamoiada auf die Reifen, freuen uns über die nächsten grandiosen Motorradstrecken und kurven weiter nach Süden. Wir passieren Mamoiada und den 899 Meter hohen Monte Medalu. Viele archäologische Stätten liegen hier weit verstreut und neben diversen Nuraghen ragen auch einige Menhire, Gräber und andere Ruinen aus der Erde. Bald haben wir Fonni erreicht.

Mit 1000 Metern Höhe gilt es als das höchstgelegene Dorf Sardiniens. Auch in Fonni lohnt sich eine Runde, entweder zu Fuß oder mit dem Mopped. Wir entschließen uns fürs motorisierte

Geradeaus ist anders, hier bei Fonni.

Sightseeing, rollen durch enge Gässchen und entdecken einige sehr schöne Murales, die sich dem lokalen Landleben der Region widmen. Richtig schön ist auch die Piazza Europa mit dem Franziskaner-Kloster und einer Kirche. Und auch wer mit sakralen Themen normalerweise nichts am Hut hat, wird vom Inneren der Kirche sicher beeindruckt sein.

Pferde und Mufflons

Eigentlich wollen wir auf der SP7 weiter dem Gipfel des Gennargentu entgegen, gönnen uns aber noch einen Abstecher zum 1118 Meter hohen Passo di Caravai und dem dahinter liegenden 1246 Meter hohen Arcu Correboi. Die fantastische Strecke dorthin lohnt sich allemal. Zurück in Fonni geht es dann aber doch auf die SP7: mit Desulo steht ein weiteres Bergdorf auf dem Programm und mit Aritzo der südlichste Punkt dieser Runde.

Keine 1500 Einwohner hat das nette Dörfchen, ist aber wegen seiner Lage direkt am Gennargentu-Massiv sehr beliebt. Von hier aus lassen sich die umliegenden Berge erwandern, wilde Pferde und Mufflons beobachten und der nicht weit entfernt liegende Bergfluss Flumendosa ist ein geniales Kajakrevier.

In Tonara gönnen wir uns schließlich unsere Mittagspause und ordern in einer der Bars das leckere Pane Carasau, ein hauchdünnes, sehr knuspriges Brot, das einfach mit Olivenöl und etwas Salz gegessen wird. Dazu etwas frischen Salat und fertig ist der köstliche und leichte Imbiss. Ein starker Espresso hilft uns schließlich wieder aufs Mopped. Westlich von Tonara erwartet uns in 917 Metern Höhe der Pass Valico s'Isca sa Mela und führt uns weiter nach Sorgono. Das ist nicht nur seiner Menhire wegen bekannt, sondern auch der tollen Dorf- und Volksfeste wegen, die gleich mehrmals im Jahr viele Menschen anziehen.

Jetzt zur Mittagszeit unter der Woche sind wir hier fast alleine. Die Gassen und Plätze wirken wie ausgestorben. Am Dorfbrunnen füllen wir unsere Wasserflasche wieder auf, rollen ein Stück zurück bis zur Abzweigung der SP31 und folgen dieser in nördlicher Richtung nach Austis, um bei Teti wieder scharf nach rechts

Die nette Dame links ist stumm, aber nett. Eine kurze Pause in Tiana (unten).

Zwischen Sorgono und Olzai geht's auf Wunsch auch offroad.

abzuzweigen. Unser Ziel ist die SS128, die in kruvigem verlauf quer durch die Berge zum Stausee Lago di Gúsana führt.

Unter Barbaren

Der ganz in der Nähe von Gavoi liegende See hat einen Umfang von 14 Kilometern und entstand durch die Stauung des Gusana. Es gibt einen Bootsverleih und eine Badestelle. Beides ist jedoch nur sporadisch in Betrieb, vor allem im Spätsommer, nach langer Zeit der Trockenheit, ist der Wasserstand des Sees so sehr gesunken, dass der Zugang gar nicht so einfach ist. Bootssteg und Anleger hängen dann irgendwo am Hang herum, nur eben nicht am Wasser.

Über Gavoi steuern wir den nächsten Pass an, den 846 Meter hohen Ianna Caguseli. Über ihn gelangen wir in die Barbagia Ollolai. Die Barbagia ist die zentrale Hochebene Sardiniens. Hierhin zogen sich die Sarden zurück, wenn mal wieder fremde Eroberer an den Ufern der Insel landeten. Hier entwickelte sich zudem der viel beschriebene sardische Banditismus. Die Barbagia Ollolai ist der nördlichste Teil dieses „Land der Barbaren", wie die Römer den Landstrich nannten.

Kurz vor Sarule heißt es rechts abbiegen, ausgeschildert ist hier Mamoiada. Kurvenreich und wie eine Achterbahn führt uns die SP22 durch die dicht bewachsenen Hügel der Barbagia und nur wenige Minuten später rollen wir in Mamoiada aus, gönnen uns eine eiskalte, erfrischende Lemon-Soda und nehmen schließlich Kurs auf Nuoro, wo wir heute morgen diese abwechslungsreiche Runde durch das „Land der Barbaren" starteten. ◂

Am Lago di Gusana. Lust auf ein Bad?

INFOS ZUR TOUR

CHARAKTERISTIK

Grandiose Panoramen, gewundene Bergstrecken, sportliche Landstraßen, erlebnisreiche Nebenstrecken und hohe Pässe – hier gibt es nichts, was es nicht gibt. Auf dieser Runde kommt jeder auf seine Kosten, egal ob Knieschleifer, Reise-Enduristi oder Blümchenpflücker. In den einladenden Bergdörfern locken freundliche Bars mit ihren Aussichtsterrassen und mittendrin wartet das höchstgelegen Dorf Sardiniens.

PÄSSE DER TOUR

Der 1118 Meter hohen Passo di Caravai und der gleich dahinter liegende 1246 Meter hohe Arcu Correboi führen zum Gennargentu. Der Pass Valico s'Isca sa Mela in 917 Metern Höhe ebenso und der 846 Meter hohe Ianna Caguseli markiert die Barbagia Ollolai.

ÜBERNACHTUNG

Hotel Sa 'E Jana
Via Emilio Lussu, I-08027 Orgosolo
Zwölf gemütliche Zimmer, zwei Restaurants mit netter Terrasse, leckere Pizza, schöne, aussichtsreiche Lage, Motorrad-Garage, freundliches Team
Telefon 0039 078 440 24 37
GPS 40.209454, 9.350715

Hotel SaValasa
Lago di Gusana, I-08020 Gavoi
Schöne Lage direkt am Stausee Lago di Gusana, überdachte Parkplätze, ansprechendes Restaurant und nette Bar, prima Service
www.hotelsavalasa.com
GPS 40.136632, 9.199846

KOMBINATIONSMÖGLICHKEITEN

Diese Runde durch die Barbagia lässt sich prima mit der nördlich liegenden Tour 2 kombinieren, aber auch mit der Tour 1 entlang der Ostküste oder mit Tour 4 gleich darunter. Zusätzliche Kilometer könnten an den Stausee Lago Omodeo im Westen dieser Runde führen.

2

In einsamen **Landschaften**

An den südlichen Hängen des Monti del Gennargentu-Massivs schlängeln sich kurvenreiche Bergsträßchen durch abgelegene Landstriche. Zwischen dem beschaulichen Lanusei und dem mächtigen Stausee des Flumendosa liegt eine der entlegensten Landschaften Sardiniens. Gerade richtig für jede Menge Fahrspaß auf einsamen Strecken, tolle Panoramen über das Bergland und beschauliche Momente an stillen Seeufern.

Vorbei an Kakteen geht es zwischen Lanusei und Seui.

TOUREN-STECKBRIEF

BASISORT
Lanusei (39.880140, 9.536342)

STRECKENLÄNGE
ca. 230 km

DAUER DER TOUR
7 Stunden

ROADBOOK
Lanusei, Lago Alto de Flumendosa, Seui, Sadali, Seulo, Aritzo, Villanova Tulo, Lago de Flumendosa, Esterzili, Escalaplano, Perdasdefogu, Ulassai, Gairo, Lanusei.

HIGHLIGHTS
Gleich zu Beginn der Strecke liegt rund um den Pass S' Arcu 'E su Pirastu Trottu das wahre Kurvenparadies (39.918816, 9.412818).

Die Strecke über das Hochplateau Sarcidano nach Villanova Tulo besticht nicht durch Kurven, sondern durch kilometerlangen schnurgeraden Flug durch die Landschaft (39.784953, 9.210134 Villanova Tulo).

Kurvenspaß bei Uiassai.

Fonni
Lochirio
Pedras Fittas
N. S. de su Monte
Ovodda
Teti
San Sebastiano
M. Seddusai 981
Nuraghe Nieddio
Tiana
Aústis
Lago Torrei
Bruncu Muncinale 1265
Passo di Caravai 1118
Monte Spada 1595
Arcu Correboi 1246
Monte Arbu 1568
Punta Mandra de Cáia 402
Funtana Bona
Monte Novo San Giovanni 1316
Monte Genziana 1505
Monte Genziana 1505
Nuraghe Bau 'e Tanca
Genna Cruix 906
Genna Sarbena 764
Punta s'Abbadórgiu 943
Punta is Grúttas 1089
Urzulei
Monte Pisadeddu 1256
Monte Fennau 1013
Monte Orosei 957
Bruncu 'e Pisucerbu 1348
Genna Coggina 724
Talána
Sórgono
Serra su Lampu 1039
Valico s'Isca de sa Mela
Toneri
Tonara
Genna Flóres 1496
Punta Mugianeddu 1468
s'Arcu de Tascussi 1245
Dèsulo
Asuai
Monti del Gennargentu
Punta Paulinu 1792
Punta la Mármora 1834
Monte Tuddai 1315
Monte Mundúgia 767
Monte Olinie 1372
Monte Orguda 1361
Lago Bau 'e Mela
Lago Bau 'e Mándara
Monte Adálicu 393
Villagrande Strisáili
Atzara
Santa Maria 'e Susu
Serra sa Costa 786
Bruncu Istiddi 998
s'Arcu 791
Belvì
Punta Marcusa 1268
Bruncu Allasu 1699
1552
Monte Terralba
San Lussório
Castello Arangino
Aritzo
Punta Funtana Congiada 1458
Gennargentu
Bruncu Capriolu 1173
Monte Genna Rugi 1307
S. Michele Arcangelo
Santa Bárbara
Lago Alto del Flumendosa
Árzana
Monte Orzili 438
Bruncu Sant' Elías 1083
Monte sa Scova 1158
Gadoni
Fontana Raminosa
Monte Santa Miale 1060
Monte Perdedu 1334
Genna 'e Medau 991
s' Arcu 'e su Pirastu trottu
Punta Margiani Pobusa 1323
Elini
Ilbono
Lanusei
Monte Armidda 1270
Monte Santa Sofia 843
Borgata Pirastera
Monte Gastea 797
Seúlo
San Cristóforo
San Sebastiano
Seui
Monte Arbo 1031
Gáiro Taquisara
Punta Tricoli 1211
Gáiro Sant' Élena
Gáiro
Loceri
Monte Paúlis 695
Monte Coromédus 893
Grotta de Is Janas
Sádali
Monte Mela 974
-Vécchio
Ósini-
-Nuovo
Ulássai
Grotta su Marmuri
Ussássai
Bruncu sa Canna 821
Monte Lusei 1113
Villanova Tulo
Punta su Crobu 722
Nuraghe Accodulazzo
Esterzili
Jerzu
Monte Lumburau 828
Santa Bárbara
Genna 'e Crésia 267
Pizzu Mannu 702
Monte Santa Vittória 1212
Arcu is Crabiólas 889
Punta Corongiu 1008
Sant' António
Genna su Ludu 852
Nuraghe Is Paras
Ísili
Nuraghe Asusa
Monte Gúzzini 734
Monte sa Pranárgia 900
Brancu Niada 838
Lago del Lumineddu
Punta Trempu 703
sa Giara 650
Pozzo sacre
Santa Vittória
Serri
Gergei
Escolca
Nurri
Sassa Putzu 742
Lago del Flumendosa
Corte Pórcus 872
Monte Arbu 812
Tertenia
Orroli
Monte sa Colla 724
Perdasdefogu
Nuraghe Don Efisi
Mándas
Nuraghe Arrúbiu
Arcu San Stéfano 415
Monte Párdis 366
Monte Rasu 676
Corongedda 496
Lago Mulárgia
Escalaplano
San Giovanni
Perda is Furónis 674
Nuraghe Crésia
Cúccuru Luggérras 551
Gésico
-Donigala
Monte Pran e'Sartu 417
Monte Moretta 543
Monte s'Ollasteddu 670
Monte Nuritzi 468
Siúrgus-
Nuraghe Piscu
Seuni
sa Mándara 523
Goni
Salto di Quirra
Sísini
Sélegas
Suelli
Monte Turri 585
Prannu Mutteddu
Corti Rósas
Monte Cardiga 676
Trexenta
Cúccuru Turri 675
Pala Muddizzi 539
Ballao
Perda Lada 558
Senorbì
Arixi
San Basílio
Genna Tres Móntis
Castello Sassai
Armúngia
Nostra Signora
Monte Parrédis

Schattensuche westlich von Lanusei.

Città delle Ciliegie, Städte der Kirschen: Das beschauliche Lanusei gehört dazu und wer das Glück hat, Ende Juni in diesem netten Städtchen zu Füßen der mächtigen Monti del Gennargentu zu verweilen, weiß warum. Dann feiern Lanuseis Einwohner nicht nur ein abwechslungsreiches Festival, es gibt auch reichlich Kirschen, wohin das Auge blickt: Kirschen einfach so, Kirschen im Kuchen, Kirschen zum Trinken, Kirschen im Dessert.

Pech für uns, Kiki und ich sind hier gerade im September unterwegs und die Erntezeit scheint vorbei. Kein Problem, dafür müssen wir nicht unter Sardiniens Sonne schwitzen, sondern starten bei höchst angenehmen Temperaturen mit unserer Honda in Richtung des Gennargentu-Massivs.

Im Kurvenrausch

Diese Bergkette, die höchste Sardiniens, liegt zentral in der Mitte der Insel. Nicht umsonst nennen die Sarden sie „das Dach Sardiniens". Über die SS389 nehmen wir Kurs auf die mächtigen Gipfel und schon bald fällt unser Blick auf die glitzernde Wasserfläche des Lago Alto de Flumendosa. Zeit, die schnelle Strada Statale hinter uns zu lassen. Ich setze den Blinker links

und gerate gleich in einen echten Kurvenrausch. Der griffige Asphalt folgt dem zerklüfteten Seeufer. Es geht bergauf, bergab, rechts, links, kreuz und quer, einfach fantastisch. Weit fällt der Blick über die menschenleere Landschaft. Kleine Wäldchen wechseln sich mit niedriger Macchia und einzelnem Buschwerk ab, dazwischen glänzt immer wieder das blaue Wasser des Stausees. Verräterische kleine Pfützen und sonstige Hinterlassenschaften warnen uns vor wandernden Vierbeinern.

Kaum kommen wir um eine der vielen Ecken direkt am Wasser, steht ein Grüppchen wiederkäuender Kühe gelangweilt halb auf der Straße und kaum haben wir sie umrundet, düst eine Handvoll Ziegen quer über den Asphalt.

Hilfreiche Zielscheiben.

Wir umkreisen den 1293 Meter hohen Monte Perda Liana und überqueren in 1027 Metern Höhe einen Pass mit dem für deutsche Zungen ziemlich schwierigen Namen S‘ Arcu ‘E su Pirastu Trottu. Zahlreiche ausgeschilderte Wanderwege führen hier durch das bergige Land. Der Foresta di Montarbu, ein rund 2 800 Hektar großes Naturschutzgebiet und einer der schönsten Wälder Sardiniens,

Spannende Bergstraßen rund um Seui.

gilt als Wanderparadies mit vielen Bächen und einer besonders vielseitigen Fauna und Flora. Und um wie genau das zu bestätigen, flitzt nun auch noch irgendein kleines wieselflinkes Tierchen ganz knapp an unserem Vorderrad vorbei. Ob tatsächlich Wiesel oder Marder kann ich vor Schreck gar nicht erkennen.

Am Stausee bei Nurri.

Über den 991 Meter hohen Genna 'E Medau, und die Kreuzung mit dem touristischen Zug Trenino Verde, erreichen wir bald die SS198 und trudeln ein paar Kurven später in Seui ein. Das sympathische Bergdorf liegt umgeben von Steineichen- und Kastanienwäldern ziemlich genau am Rand des Foresta di Montarbu und damit an den südlichen Ausläufern der Monti del Gennargentu.

Seui liegt direkt an der Trasse des Trenino Verde und im Gegensatz zu den meisten anderen Dörfern an der

Immer schön: Picknick im Gennargentu.

Strecke rumpelt hier der Zug mitten durch das Dorf. Im historischen Zentrum besorgen wir uns leckere Zutaten für unser Picknick, gönnen uns im Straßencafé noch einen heißen Espresso und scheuen unsere Africa Twin an-

schließend wieder die Hänge des Gennargentu hinauf.

Den Pass Gemma Uassa überqueren wir in 819 Metern Höhe. Er führt uns in Richtung Aritzo. Am nördlichsten Punkt dieser Rundtour, gleich unterhalb des Monte Arzanadolu, lässt sich ein kurzer Abstecher in das Bergdorf einlegen – ideal für eine Pause, einen Kaffee oder ein Mittagessen. Wir

verzichten darauf, halten uns lieber auf der SS295 in südwestlicher Richtung und biegen nach wenigen Minuten auf die SP52 ab. Die führt und schnurstracks und auf geraden Wegen auf die Hochebene Sarcidano.

Welch ein Kontrast zu den bisherigen kurvenreichen Bergstrecken: Hier geht es kilometerlang geradeaus, man kann auch mal wieder in den sechsten Gang schalten und sich den angenehm kühlenden Fahrtwind um die Nase wehen lassen. Das einzige, was diese Strecke mit ihren Vorgängern verbindet: Wir sind mal wieder ganz alleine unterwegs.

Die Sarcidano-Hochebene ist vor allem durch ihre schmackhaften Trüffel im Gespräch, die in den Restaurants rund um diese Gegend angeboten werden. Bekannt ist die

AUTOREN-TIPP

TRENINO VERDE, DER KLEINE GRÜNE ZUG Der Trenino Verde ist ein touristisches Projekt der staatlichen Eisenbahngesellschaft Sardiniens. Auf insgesamt vier landschaftlich außerordentlich schönen Strecken verkehren meist historische Schmalspurbahnen mit urigen Wagen. Die Fahrten laufen in der Regel zwischen April und September. Auf der geruhsamen Fahrt bleibt genug Zeit, Natur und Eindrücke zu genießen und die Seele baumeln zu lassen. Ein echter Genuss!

Die schönste und auch längste Strecke ist die knapp 160 Kilometer lange Route von Arbatax (**GPS** 39.938915 9.708043, Touristinfo) bei Tortoli an der Ostküste quer durch die herrliche in dieser Route beschriebene Landschaft bis Mandas. Sie streift sowohl das Gennargentu-Massiv als auch den Lago del Flumendosa. Die Hin- und Rückfahrt kostet zusammen knapp 30 Euro.

In den Jahren 2016 und 2017 wurden Abschnitte der Strecke zum Teil wegen Baufälligkeit gesperrt. Es wurden jedoch umfassende Renovierungsmaßnahmen durchgeführt und zur Saison 2018 wird die Strecke aller Wahrscheinlichkeit nach wieder durchgängig befahrbar sein.

Aktuelle Infos darüber gibt es an den ausgeschilderten Bahnhöfen entlang der Strecke aber auch in den Touristik-Büros der naheliegenden Dörfer und Gemeinden oder im Internet unter **www.treninoverde.com**, dort aber leider nur in italienischer Sprache.

Region auch durch das Sarcidano-Pferd. Die einzigartige Rasse gibt es nur hier. Sie, die munteren Tiere streifen frei durch das Sarcidano und das gleich westlich anschließende Giara di Gesturi. Mit ein wenig Glück trifft man sie auch unterwegs direkt neben der Straße.

Beliebter Badespaß

Gleich hinter Villanova Tulo finden wir uns wieder auf der SS198 ein und damit am Ufer des Lago del Flumendosa. Dem zweiten Stausee des zweitlängsten Flusses Sardiniens. Der Flumendosa entspringt im Gennargentu und mündet nach 122 Kilometern bei Muravera ins Meer. Auf seinem Weg sorgte der Fluss in den vergangenen Jahrhunderten für verheerende Überschwemmungen. Mit dem Bau der beiden Stauseen in den 1950er Jahren wurde Abhilfe geschaffen und gleichzeitig entstand ein beliebtes Badegewässer. Aber nicht für uns, denn die Badesachen haben wir nicht dabei. Also bleiben wir einfach auf der Landstraße und genießen die reichlich vorhandenen Schräglagen.

Bei Esterzili kehren wir der Strada Statale den Rücken, halten uns rechts

Zwischen Klippen und Kork bei Ulassai.

Mit Vierbeinern ist auf Sardinien immer zu rechnen.

und finden uns gleich darauf auf einer weiteren menschenleeren Nebenstrecke wieder. Irgendwo im Nirgendwo wäre wohl der richtige Ausdruck dafür.

Parallel des Lago del Flumendosa kreuzen wir in südwestlicher Richtung durch die einsame bergige Landschaft. Weit fällt der Blick gleich über mehrere Täler hinweg in die Ferne. Nur ganz vereinzelt sehen wir mal den einen oder anderen Hof, eine Scheune oder ein verfallenes Gemäuer im Grün um uns herum. Auch hier wechseln sich Macchia, Wiesen und Wäldchen ab, bis wir schließlich am südlichsten Punkt dieser Tour Escalaplano erreichen. Die kleine Gemeinde liegt am südlichen Ende des Lago del Flumendosa und obwohl wir zwei ganze Runden durch das Dorf drehen, finden wir kein Café. Ich muss aber auch zugeben, die Runden waren schnell zu Ende. Ganze 2 000 Einwohner ist eben nicht groß.

Griffiger Asphalt

Also verlassen wir Escalaplano wieder, halten uns gen Norden und folgen den Schildern nach Perdasdefogu. Die Strecke macht richtig Spaß, der Asphalt ist griffig. Bald haben wir das Städtchen

Im Flug durch die Berge südlich von Aritzo.

erreicht. Bei unserer Runde durchs Dorf entdecken wir nicht nur ein einladendes Café, sondern auch einen knallrotblau lackierten Kampfjet.

Der markiert die gut bewachte Einfahrt in die Kasernenanlage des Ortes. Militär gibt es hier reichlich. Schließlich erstreckt sich südlich des Ortes bis hin zur Küste ein riesiger, 120 Quadratkilometer großer Übungsplatz, auf dem verschiedene Nationen mit Panzern, Flugzeugen und Raketen scharf schießen. Der Protest der Bevölkerung gegen die militärischen Übungen und eine geplante Erweiterung des Platzes findet sich unter anderem in Form

Ulassai ist ideal für die kleine Kaffeepause.

Jemand zu Hause?

unzähliger Graffitis in der ganzen Region.

Über den Pass

Auf der spaßigen SP13 merkt man nichts vom militärischen Treiben. Sie führt uns weiter gen Norden in Richtung Ulassai. Dabei überqueren wir auch gleich noch den Pass Genna su Ludu in 852 Metern Höhe. Kiki und ich begeistern uns immer wieder für die Streckenführung. Wie für uns gemacht, windet sich das graue Band der Straße um den Hügel herum, an Bergflanken empor und gleich wieder hinunter ins Tal. Ulassai liegt zu Füßen eines mächtigen Felsen, der über der Stadt in den Himmel ragt.

Das Dorf lockt mit der beeindruckenden Grotte Su Marmuri. Die zieht sich über einen Kilometer durch das Kalksteinmassiv und lädt mit ihren Höhlenseen und tollen Stalaktiten und Stalagmiten zu spannenden Besuchen. Auch die beiden mächtigen Wasserfälle Lecori und Le Quarci sind einen Besuch wert, wenn sich ihr Wasser nach Regenfällen hunderte Meter in die Tiefe stürzt.

Über Gairo sind es schließlich nur noch ein paar Kilometer zurück nach Lanusei. Hier endet unsere kurzweilige Runde durch die menschenleere Region südlich der Monti del Gennargentu. Das soll nicht heißen, dass es nicht noch mehr spannende Kilometer in dieser herrlichen Region gibt. Aber dafür sind wir ja schließlich auch noch öfter hier. ◀

INFOS ZUR TOUR

CHARAKTERISTIK

Hier geht es abwechslungsreich zur Sache. Zu Füßen des höchsten Gebirges Sardiniens und auf den Hochplateaus in dessen Süden warten knifflige Bergstraßen, schnelle Abschnitte mit langen Kurven und schnurgerade Genuss-Kilometer auf entdeckungsfreudige Reisende. Mit der entsprechenden Umsicht sollten alle Etappen zu meistern sein. Aber dennoch Vorsicht: Bisweilen warten allerlei Vierbeiner auf dem Asphalt.

PÄSSE DER TOUR

Am Monte Perda Liana liegt der 1027 Meter hohe S' Arcu 'E su Pirastu Trottu. Bei Seui wartet der Genna 'E Medau in 991 Metern Höhe und vor Aritzo lockt der Gemma Uassa 819 Meter über dem Meer. Vor Ulassai schließt der 852 Meter hohe Genna su Ludu den Pässereigen ab.

ÜBERNACHTUNG

Hotel Su Marmuri
Corso Vittorio Emanuele 20, I-08040 Ulassai
Modernes Hotel mit 18 Zimmern in zentraler, schöner Lage mit freundlichem Service, klasse Frühstück, einladende Terrasse
www.hotelsumarmuri.com
GPS 39.811577, 9.500362

Abba 'E Murta
SS 125, km 134, I-08048 Tortoli
Etwas außerhalb der Runde, Landvilla umgeben von eigenen Weinbergen. Restaurant mit Produkten aus der Region.
www.hotelabbaemurta.it
GPS 39.874841, 9.655161

KOMBINATIONSMÖGLICHKEITEN

Diese Tour Nummer 4 schließt direkt an die Runde 3 an. Via Tortoli lässt sie sich auch prima mit Tour 1 an der Küste kombinieren. Weitere Kilometer für Vielfahrer lassen sich im Süden unterhalb von Escalaplano anhängen.

Am **Capo Carbonara**

Ganz im Südosten Sardiniens liegt die Costa Rei, die Königsküste. Hier wechseln sich herrliche, goldgelbe Sandstrände mit schroffer Felsküste ab. Über dem Golf von Cagliari thront die abwechslungsreiche Küstenstraße, die Strada Provinciale 17, mit ihren fantastischen Aussichten und ihrer kurvenreichen und spannenden Straßenführung. Im Hinterland der Costa Rei warten nicht weniger faszinierende Berg- und Nebenstrecken auf erlebnishungrige Motorradfahrer.

Legendär und kurvenreich ist die SS125.

TOUREN-STECKBRIEF

BASISORT
Cagliari (39.215799, 9.116847)

STRECKENLÄNGE
ca. 205 km

DAUER DER TOUR
6 Stunden

ROADBOOK
Cagliari, Spiaggia di Quartu, Terra Mala, Geremeas, Capo Boi, Villasimius, Capo Carbonara, Villasimius, Capo Ferrato, Spiaggia di Feraxi, Passhöhe S'Arcu ,e Tidu, Quartu, Cagliari.

HIGHLIGHTS
Die Küstenstrecke zwischen Terra Mala und Villasimius gehört für uns zu den schönsten Küstenstraßen Sardiniens (39.188700, 9.342776 Terra Mala | 39.137990, 9.485912 Villasimius).

Der Streckenabschnitt rund um die Passhöhe S'Arcu 'E Tidu ist in beide Richtungen ein echtes Kurvenparadies (39.305678, 9.391312).

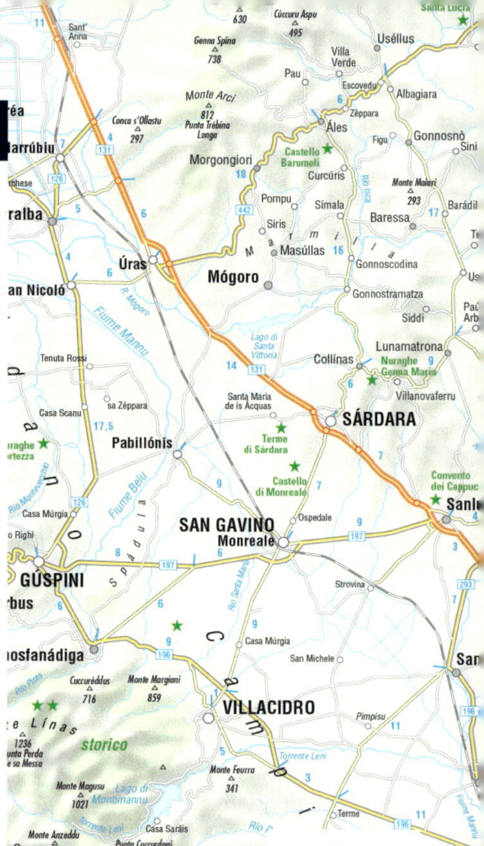

Pause am Strand bei Villasimius.

Unterwegs an der Costa Rei.

Sie ist die Capitale, die offizielle Hauptstadt Sardiniens, Universitätsstadt und zugleich die größte Stadt der Insel: Cagliari. Für uns ist die quirlige Stadt der ideale Ausgangspunkt für eine spannende Tour entlang der Costa Rei, der Königsküste.

Gestern hatten wir problemlos mitten im Zentrum der Hauptstadt ein Zimmer bekommen und am Abend mit einem langen Spaziergang die interessante Altstadt erkundet. Waren in der einen oder anderen Bar gewesen und hatten uns ein leckeres Abendessen in der Castello, wie die Einheimischen ihre Altstadt nennen, gegönnt. Heute morgen gab es dann ein kräftiges Frühstück und nun sitzen wir auf unserer Honda und rollen entlang des hügeligen Viertels San Bartolomeo auf die Bucht des Golfo di Cagliari zu.

Hier an der Via Lungo Saline und der Viale Lungomare del Golfo liegt Cagliaris Hausstrand. Kristallklares Wasser lockt zum Baden, der goldgelbe, scheinbar unendlich lange Sandstrand zum Sonnenbaden. Abends kann man hier ewig lange Strandspaziergänge genießen und einige Strandbars laden zum Relaxen. Mit Blick auf den noch leeren Strand erreichen wir bald die Strada Provinciale SP17, die reizvolle Küstenstraße, die uns schnell aus dem morgendlichen Getümmel der Großstadt in südöstliche Richtung führt, auf das Capo Carbonara zu – stets den Schildern nach Villasimius folgend.

Azurblaues Wasser

Immer weniger Häuser liegen rechts und links der Straße und hinter Terra Mala begleiten uns schließlich nur

noch graue Felsen und dichte Macchia bei unserer Fahrt über dem Golf. Rechts von uns spiegelt sich der Himmel im azurblauen Wasser des Meeres, links steigen steile Felsgipfel in die Höhe. Dazwischen windet sich der griffige Asphalt in kernigen Kurven durch die Küstenlandschaft, besser kann eine Tour nicht beginnen. Wir passieren die Cala Regina, einen

Die Costa Rei überzeugt mit fantastischen Badestränden, wie hier bei Villasimius (oben und unten).

Bei Villasimius könnte man einen Strandtag einlegen.

Biker kommen zwischen schen Geremas Villasimius auf ihre Kosten.

beliebten Strandabschnitt mit Kies und – wie fast überall in dieser Ecke Sardiniens – kristallklarem Wasser. Hier wird auch getaucht und vor allem viel geschnorchelt.

Nur wenig später zweigt von der SP17 die Zufahrt zur SS125 ab. Die zur Schnellstraße ausgebaute Strecke führt schnurstracks gen Norden. Benutzen sollte man sie in dieser Re-gion nur, wenn man es wirklich eilig hat. Wir bleiben natürlich auf der traumhaften Küstenstraße und erreichen bald Geremeas.

Einsame Strände

Das ist ein beliebter Touristenort, der direkt am Strand einige beliebte Ferienanlagen bietet. Hier verabschiedet sich die SP17 vorerst von der Küste, kurvt ein wenig durch das Hinterland und führt uns schließlich ans Capo Boi. Von hier bietet sich ein fantastischer Blick weit hinaus aufs Meer und auf die südöstlichste Spitze Sardiniens, auf das Capo Carbonara.

Wer mag, kann an der ersten der beiden 180-Grad-Kehren in den schmalen Feldweg abbiegen und er-

reicht nach ein paar hundert Metern die Überreste des Torre di Capo Boi. Der alte Beobachtungsturm wachte hier einst über den Golf von Cagliari. Zu seinen Füßen liegen herrliche Felsbuchten. Wer auf der Suche nach einem einsamen Strandabschnitt ist, liegt hier genau richtig.

Wir kurven weiter entlang der SP17 und erreichen wenig Villasimius. Einst ein beschauliches Hirtendorf hat sich der Ort heute zu einer lebendigen

Idylle am Capo Carbonara.

Sardiniens schönste Strecke ist die Strada Statale 125 Orientale Sarda.

So, wir hier an der Costa Rei, müssen Küstenstraßen aussehen.

Kleinstadt und zu einem beliebten Badeort entwickelt. Auf der Via del Mare und der Piazza Giovanni treffen sich am Abend die Nachtschwärmer. Wer ausgelassene Stimmung sucht, wird in den Bars und Clubs garantiert fündig.

Unser Ziel ist das Capo Carbonara, die südöstlichste Ecke Sardiniens. Vorbei am Freizeithafen, der Marina

di Villasimius ist es schnell gefunden. Einfach der Via Capo Carbonara folgend, erreichen wir bald den Parkplatz am Ende der Straße. Von dort zweigt rechterhand ein schmaler asphaltierter Weg ab, der wiederum in eine unbefestigte, aber gut fahrbare Piste übergeht. Diese wiederum endet schließlich direkt an einem schönen Stück Felsstrand.

Karibischer Flair

Hier lässt es sich herrlich und entspannt relaxen. Selbst in der Hauptsaison halten sich die Besucherzahlen in Grenzen und wer ein wenig zu Fuß geht, findet in den vielen Felsbuchten jede Menge einsame Plätzchen. Noch ein Tipp für Badefreunde: Gleich gegenüber der Marina di Villasimius führt die Via dei Giunchi zu bildschönen schneeweißen Badestränden mit fast schon karibischem Flair. Unsere Empfehlung dort ist übrigens die Strandbar Chiosco Notteri. Hier sitzen und unter dem Sonnenschirm ein eiskaltes Ichnusa (sardisches Bier) zu genießen, ist einfach ein Traum!

Hinter Villasimius geht es auf der SP18 weiter entlang der Küste. In großen Schwüngen folgt die Straße dem Verlauf der Fels- und Sandbuchten. An der Punta Molentis liegt der nächste

AUTOREN-TIPP

CAGLIARI, DIE HAUPTSTADT SARDINIENS Mit über 150 000 Einwohnern ist Cagliari die größte Stadt Sardiniens (**GPS** 39.217168, 9.113319). Die Capitale, die Hauptstadt, ist wie Rom auf sieben Hügeln gebaut und hat eine bewegte Geschichte hinter sich. Davon zeugt eine große Zahl historischer Bauten wie die Bastion von Saint Remy, die Pisanischen Türme, das Römische Amphitheater sowie der Dom, die Basiliken und natürlich vor allem die Altstadt, die Castello genannt wird.

Eine mächtige Freitreppe führt vom Stadtzentrum hinauf in die Altstadt. Von dort bietet sich in alle Richtungen ein fantastischer Blick auf die Stadt. Im Castello locken unzählige, schmale Gassen, nette Läden, gemütliche Bars und Straßencafés sowie einladende Restaurants. Ein Besuch lohnt sich zu jeder Tageszeit, die Abende können lang werden.

Für Kulturfreunde bietet sich ein Besuch des Museumskomplexes Citadella dei Musei an der Piazza Arsenale an. Dazu gehört das Archäologische Museum sowie das Museo del tesoro di Sant'Eulalia mit seinen unterirdischen römischen Grabungsstätten. Cagliaris Botanischer Garten gehört ebenfalls zum Areal des Museums. Er zeigt Pflanzen aus aller Welt. Gerade im Sommer empfiehlt sich ein Besuch in dieser Oase, im Schatten der Bäume lässt es sich gut aushalten. Die Citadella dei Musei ist montags geschlossen, sonst von 9 bis 20 Uhr durchgehend geöffnet (**GPS** 39.221707, 9.116677).

Blick in die Ferne an der Costa Rei.

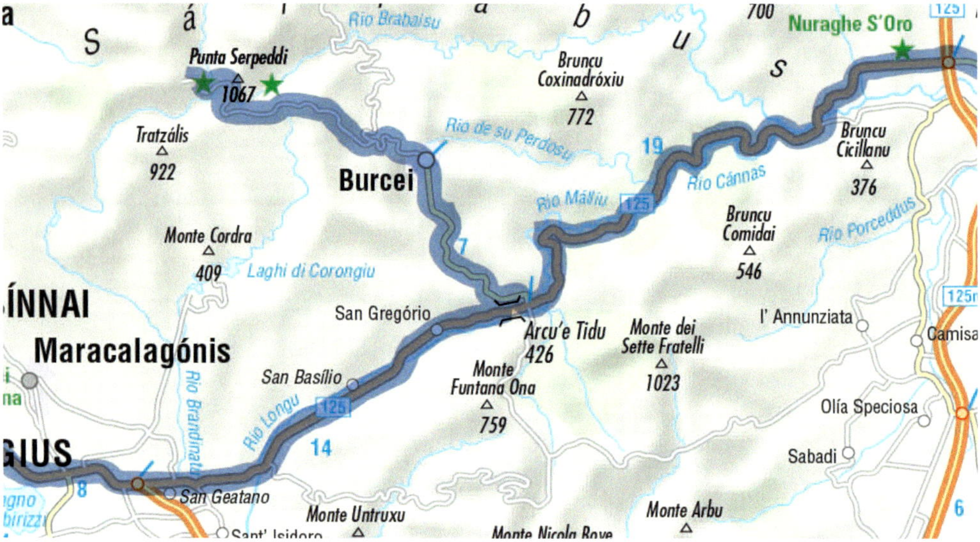

große einladende Sandstrand. Wir lassen ihn aber rechts liegen, kurven weiter durch die grüne Landschaft. Auf griffigem Asphalt kurven wir in Richtung Norden und folgen der grandiosen Costa Rei. Zu Füßen des Monte Macioni, wenige Kilometer hinter der Punta Molentis biegen wir rechts ab, folgen den Schildern zur Cala Pira.

Die unbefestigte Straße führt direkt ans Meer, wir rollen direkt am Strand aus – der ideale Platz für ein Picknick. Mit einem tollen Blick auf die kleine Bucht und den gegenüber liegenden alten Wehrturm genießen wir die Sonnenstrahlen, das leise Rauschen der Wellen und natürlich die leckeren Zutaten unseres Picknicks, die wir frisch in einem der kleinen Supermärkte von Villasimius kauften.

Die SS125 ost die wichtigste und längste Straße der Insel.

Einsame Küsten

Weiter gen Norden führen uns die scheinbar unendlich langen Sandstrände der Costa Rei. Nicht verpassen darf man die Abzweigung der SP18 am Punta Santa Giusta. Hier führt die SP18 weg von der Küste und im weiteren Verlauf auf die SS125. Die schönere Strecke ist jedoch die Via Ichnusa, die an dem weit ins Meer hinausragenden Capo Ferrato entlang führt. Auch hier lässt sich die einsame, felsige Küste durch einige unbefestigte Wege erkunden.

Genuss bietet die SS125 an vielen Stellen.

Wir bleiben aber auf der kurvenreichen Strecke, genießen die Fahrt und landen schließlich an der Spiaggia di Feraxi. Der kilometerlange Sandstrand mit dem dahinter liegenden, idyllischen Lagunensee bietet den perfekten Badespaß. An den Strandbars lässt sich gut erfrischen, und das Fischrestaurant bietet leckere Gerichte mit fangfrischen Meeresfrüchten.

Für uns heißt es hier Abschied nehmen vom Meer und der Küstenstraße. Wir nehmen Kurs auf die SS125, die uns vorbei am Nuraghe S'Oro wieder gen Südwesten führt. Der Verlauf der Orientale Sarda, wie die SS125 offiziell heißt, passt sich dem Rio Malliu und dem Rio Cannas an. Die beiden Flüsse haben in dieser Region eine spannende Passage in die felsige und bergige Landschaft geschmirgelt. Entsprechend kurvenreich ist der Asphalt und entsprechend Spaß macht die Tour entlang des im Sommer meist ausgetrockneten Flussbettes. Kurze gerade Passagen wechseln sich mit knackigen Haarnadelkurven ab und obwohl die SS125 eine wichtige Nord-Süd-Verbindung ist, sind wir hier und heute fast alleine unterwegs. Klar, der obligatorische, kurvenschneidende Sarde kommt uns natürlich auch hier entgegen. Man tut grundsätzlich gut daran, vor engen Kurven mit solchen Spezialisten zu rechnen.

Die Sieben Brüder

Mit dem S'Arcu 'E Tidu in 426 Metern Höhe erreichen wir schließlich den einzigen Pass dieser Runde. Er liegt direkt am Rand des Gebirgsstocks der Sette Fratelli, der Sieben Brüder. Mit dem 1016 Meter hohen Punta Ceraxa ist diese Region ein beliebtes Wanderrevier. In dem Naturschutzgebiet Sette Fratelli – Monte Genis finden

sich außergewöhnlich schöne Felsformationen mit senkrechten Felswänden, tiefen Schluchten und schroffen Kanten.

Sardische Wildschweine und Wildkatzen sind hier ebenso zu Hause wir zahlreiche Greifvögel, der Sardische Hirsch und in den höheren Lagen sogar Mufflons. Für Naturfreunde empfiehlt sich ein abwechslungsreicher Wandertag mit Cagliari als Basislager. Von hier aus sind es bis zur Inselhauptstadt nur gut 20 Kilometer. Mit einem letzten Abstecher über das kleine Bergdorf Burcei bis zum über 1000 Meter hohen Punta Serpeddi nehmen wir schließlich auch Kurs auf Cagliari, wo wir diese abwechslungsreiche Rundtour heute morgen begannen. Und wir freuen uns auf einen weiteren kurzweiligen Abend in Cagliaris Castello, der urigen Altstadt. ◄

Irgendwo an der Strecke.

INFOS ZUR TOUR

CHARAKTERISTIK

Hier wird mal wieder alles geboten: vom quirligen Stadtverkehr in Cagliari über die faszinierende und entspannt zu fahrende Küstenstraße bis zum anspruchsvollen Kurvenparadies auf kurzweiligen Bergstraßen. Der Asphalt ist fast immer gut und griffig, in den Waldgebieten im Norden der Tour ist insbesondere nach Regenfällen mit auf die Straße gespültem Dreck und Sand zu rechnen. Bisweilen tummeln sich dort auch halbwilde Schweine und Ziegen am Straßenrand.

PÄSSE DER TOUR

Der einzige Pass dieser Runde ist der S'Arcu 'E Tidu in 426 Metern Höhe zu Füßen des Gebirgsstocks der Sette Fratelli, der Sieben Brüder.

ÜBERNACHTUNG

Acquarius Hotel
Via Umberto I 41, 09049 Villasimius
Zentral gelegenes, freundliches Hotel mit nettem Service, sieben gemütliche Zimmer, ansprechende Pizzeria mit Holzofen.
www.acquariushotel.it
GPS 39.143652, 9.518957

Residence Fenicia
Loc. Simius, 09049 Villasimius
Nette Anlage mit 30 Appartements auch für Selbstversorger, Privatstrand 200 Meter entfernt, mit kostenfreien Liegen und Sonnenschirm.
www.feniciaresidence.it
GPS 39.131652, 9.530440

KOMBINATIONSMÖGLICHKEITEN

Diese Tour liegt etwas südlich der Runde Nummer 4 und lässt sich entsprechend kombinieren. Wer noch einige Kilometer hinzufügen möchte, dreht noch eine Runde durch den nördlich liegenden Naturpark Parco geominerario storico ed ambientale della Sardegna.

Die Grüne **Küste**

Die Südwestküste und ihr Hinterland am Mare di Sardegna überzeugt nicht nur mit ihren wunderschönen Sandstränden. Auch die herrlichen, kurvenreichen Strecken durch den riesigen Naturpark zu Füßen des Monte Linas machen Lust aufs Motorradfahren. Dazwischen liegen alte Minenanlagen und kleine Dörfer, die sich über schmale Wege entdecken lassen. Offroad-Spaß inklusive!

Hoch über dem Meer: die Küstenstraße bei Iglesias.

Oristano
Arrubia
Zona Umida s'Ena Arrubia
Sassu
s'Ungroni
Arboréa
Sant' Anna
Genna Spina 738
Monte Arci 812
Punta Trébina Longa
Conca s'Ollastu 297
Morgongi
Capo della Frasca
Stagno Corru s'Ittiri
Torre Nuova
Pompóngias
Punta Corru Mannu
Marrúbiu
Tanca Marchese
Terralba
Torrevécchia
Luri
Marceddí
Sant' António di Santadi
Punta de s'Archivioni
Stagno di Marceddi
Línnas
Stagno di San Giovanni
Pistis
Zona Umida Peschiera di Corru s'Ittiri-Stagno di San Giovanni e Marceddi
Santa Maria di Neápoli
Úras
Móg
Torre di Flumentórgiu
Torre dei Corsari
Case Puxeddu
Porto Palma
San Nicoló
R. Mógoro
Fiume Mannu
Monte s'Olioni Mannu 402
Monte Funesu 555
R. de sa Murta
Monte Nurecci 324
Tenuta Rossi
Monte Perdosu 345
Pardu Atzei
sa Zéppara
Parco
Casa Scanu
Funtanazza
Cala Campu Sali
Marina di Árbus
Monte Arcuentu 785
Nuraghe Fortezza
Pabillónis
Portu Maga
Costa Verde
Punta Nuracciolu 338
Rio Piscinas
Rio Montevecchio
Fiume Belu
Piccalinna
Casa Múrgia
Montevécchio
Villaggio Righi
SAN GA
Dune di Piscinas
geominerario
726 Punta s'Accorradróxiu
GÚSPINI
Arburese
Ingurtosu
Casárgiu
Árbus
Casa Atzeni
Bau
Gennamari
Gonnosfanádiga
Punta Mumullónis 499
Punta Máiru 724
Cuccuréddus 716
Monte Margiani 859
Capo Pécora
Monte Cidrò
Rio Mannu
Monte Línas 1236
Punta Perda de sa Messa
storico
Portixeddu
Santa Lucia
Fluminimaggiore
Monte Lisone 1094
San Nicolao
Grotta su Mannau
Rio is Ártus
Monte Magusu 1021
Lago di Montimannu
Fluminese
Buggerru
Planu Sartu
Malfidano
Monte Conca s' Omu 616
Arénas
Monte Anzeddu 903
Casa Saráis
Tempio di Antas
Punta Cuccurdoni Mannu 910
Cala Doméstica
Scalittas
Sant' Angelo
Malacalzetta
sa Duchessa
Arcu Genna Bogai 549
Valle d'Oridda
San Benedetto
Perdu Carta
Acquaresi
Case Lenzu
Monte Fiónica 580
Monte Guardianu 537
Montecani
Lago Montepon
Lago Punta Gennarta
Punta San Michele 906
Grotta di San Giovanni
Masua
M. S. Pietro 661
Porto Flavia
Porto Corallo
Porto Banda
Porto Nébida
Nébida
IGLÉSIAS
Domusnóvas
Monte Scorra
Monteponi
Campo Pisano
Musei
Fontanamare
Bindua
Golfo di Gonnesa
San Giovanni
Gonnesa
Porto Páglia
Tonnara
Rio Cixerri
Villamassárgia
M. sa Fossatéula 455
Nuraghe Seruci
Castello di Gioiosa Guardia
Punta Maiorchina 163
Bacu Ábis
Corónglu
Monte San Miai 614
Orbai
Nuraxi Fígus
Monte Rósas 609
ed ambientale
Portopaleddu
Monte Tasua
Cortoghiana

TOUREN-STECKBRIEF

BASISORT

Portixeddu (39.440428, 8.422798)

STRECKENLÄNGE

ca. 180 km

DAUER DER TOUR

7 Stunden

ROADBOOK

Portixeddu, Buggerru, Nebida, Iglesias, Arcu Genna Bogai, Passo Bidderdi, Arbus, Guspini, Montevecchio, Funtanazza, Pistis, Marina di Arbus, Ingurtosu, Portixeddu.

HIGHLIGHTS

Für sportliche Fahrer und Freunde der kurvenreichen sardischen Staatsstraßen ist die SP126 zwischen Iglesias und Guspini ein Traum (39.328025, 8.531981 Iglesias, 39.540797, 8.617958 Guspini).

Zwischen Marina di Arbus und dem Bergbaustädtchen Ingurtosu liegt die herrliche SP4, die direkt entlang der Küste führt und später in eine kurzweilige Offroad-Strecke übergeht (39.597757, 8.470761 Marina di Arbus, 39.520410, 8.511285 Ingurtosu).

Bei Arbus liegt uns die Landschaft zu Füßen.

Sardische Olivenn sollte man unbedingt probieren.

Der Gaskocher faucht leise vor sich hin, im Kessel brodelt das Wasser, ein würziger Duft von feuchtem Gras und knackfrischen Brötchen liegt in der Luft und im Hintergrund zwitschern ein paar Vögel in den Olivenbäumen rings um uns herum – idyllischer geht es kaum.

Wir sitzen neben unserem Zelt auf dem Campingplatz Ortus de Mari bei Portixeddu nur wenige hundert Meter vom Strand der Costa Verde entfernt und lassen uns unser Frühstück schmecken. Die frischen Brötchen gab es soeben an der Bar des Platzes. So muss ein Tag anfangen.

Nur wenig später sitzen wir schon auf unserer Africa Twin und rollen entlang der Küste in Richtung Süden. Die Strada Provinciale SP83 führt direkt an den schönsten Sandstränden der Region vorbei. Goldgelb liegt der Sand in der Sonne, dahinter glitzert das Meer, auf dem weit draußen die Fischerboote ihre schnurgeraden Spuren ziehen. Wäre es nicht so früh, wir würden am liebsten gleich ins Meer springen. Bei San Nicolao enden die weiten Strände und die Küste geht langsam aber sicher in schroffe Felsen über. Auch das hat seinen Reiz, kleine versteckte Buchten garantieren Einsamkeit und Ruhe.

Im Bergbau

Ruhig ist es in Buggerru auch, aber nicht einsam. Das beschauliche 1000- Einwohner-Städtchen, in das wir gerade hineinrollen, hat eine interessante Geschichte hinter sich, an die nur noch die Skelette der umliegenden Industrieruinen der Blei- und Zinkminen erinnern. Kaum zu glauben, dass dieser Ort zum Ende der 1870er Jahre eines der wichtigsten Wirtschaftszentren Sardiniens war. Viele Millionen Tonnen Zink wurden rund um Buggerru abgebaut, womit viel Geld verdient wurde. Das kam jedoch in erster

Linie den mächtigen Gesellschaften zu Gute und am wenigsten den Kumpels in den Minen. Die gingen 1904 auf die Straße, protestierten gegen ihre Ausbeutung und initiierten damit den ersten italienischen Generalstreik, der sich schließlich auf das ganze Land ausweitete.

Heute ist es hier ungleich ruhiger. Dieser Teil der sardischen Küste, so schön er auch ist, gehört immer noch zu den eher weniger besuchten Regionen der Insel. Schön für uns, fast alleine sind wir auf der Küstenstraße unterwegs, genießen die tollen Aussichten auf das Meer und ein paar Minuten später auch einen fantastischen Blick auf Buggerru. Gleich hinter dem Ort macht die SP83 eine mächtige Schleife und steigt steil über dem Meer in die Höhe. Wo sie wieder auf das Meer trifft, offenbart sie das grandiose Panorama über Buggerru und die Bucht von Portixeddu mit ihren Sandstränden. Im Hintergrund ragt das Capo Pecora weit und steil hinaus ins Wasser. Wenig später schwenkt der Asphalt

Bei Buggeru gibt es rauschende Wellen…

… und auch beschauliche Ruhe.

etwas ins Landesinnere. Vorbei am Strand Cala Domestica geht es durch bergiges Grün und einsame Landschaften. Mitunter lassen sich Überreste der Minenanlagen erkennen. Holprige Nebenstrecken führen immer wieder in Richtung Küste. Hier gibt es richtig einsame Buchten.

Bald erreichen wir Nebida. Vom Bergbau geprägt mausert sich das einstige Bergarbeiterdorf inzwischen zu einem sympathischen Feriendorf. Kein Wunder: Die Lage Nebidas ist einfach fantastisch. Mit dem Belvedere di Nebida verfügt das Dorf über einen der schönsten Aussichtspunkte Sardiniens mit weitem Blick auf den Golfo di Gonnesa und die Felseninsel Pan di Zucchero.

Urige Ruinen

Die Sonnenuntergänge sind legendär. Wir nehmen uns vor, auf jeden Fall nochmal für zwei, drei Tage hierher zu kommen. Allein die urigen Ruinen der Erzwaschanlagen, der verfallene Erzhafen und die Bergbau-Stollen sind unbedingt einen Besuch wert – von der großartigen Landschaft ringsherum einmal ganz abgesehen.

Gleich hinter Nebida geht es direkt an der steilen Felsküste weiter. Zwi-

AUTOREN-TIPP

PANE FRATTAU, DER SARDISCHE HIRTENIMBISS

Wenn wir mit dem Mopped unterwegs sind, ist schweres Mittagessen nicht so unser Favorit. Entweder wir zelebrieren unser erholsames Picknick inmitten der Natur und an schönen Plätzen oder wir gönnen uns leichte, lokale Spezialitäten. Auf Sardinien gehört für uns das leckere Pane Frattau auf jeden Fall dazu.

Spötter behaupten ja, Pane Frattau sei eine Mischung zwischen Lasagne und einem Strammen Max. Das ist durchaus nicht ganz unrichtig. Tatsächlich wird bei diesem Gericht das hauchdünne sardische Brot Pane Carasau wie bei Lasagneplatten geschichtet. Dazwischen befindet sich eine frische und fruchtige Tomatensauce. Die wird mit Chili, Knoblauch, Olivenöl, frischen lokalen Tomaten, Rosmarin und Thymian sowie ein wenig Schalotten zubereitet. Gerne darf auch etwas von dem trockenen Vernaccia di Oristano, einem Weißwein aus dem Flusstal des Tirso in der sardischen Campidano-Ebene, dabei sein. Ersatzweise funktioniert es natürlich auch mit anderen trockenen Weißweinen.

Das Brot wird angeröstet und abwechselnd mit der Tomatensauce und italienischem Schafskäse, dem Pecorino, geschichtet. Ganz zum Schluss folgt ein Spiegelei obenauf. Salz, Pfeffer und etwas Petersilie machen das Glück komplett. Guten Appetit!

Blick vom Passo Genna Bogai.

schen dem azurblau schimmernden Meer und den mächtigen Gipfeln der fast 700 Meter hohen Berge direkt hinter der Küstenlinie schlängelt sich der Asphalt durch die Macchia und führt südlich von Iglesias gleich zum nächsten riesigen Sandstrand: dem Spiaggia di Fontanamare. Hier zweigt die SP83 dann endgültig ins Landesinnere ab und führt in die einstige Silberstadt Iglesias.

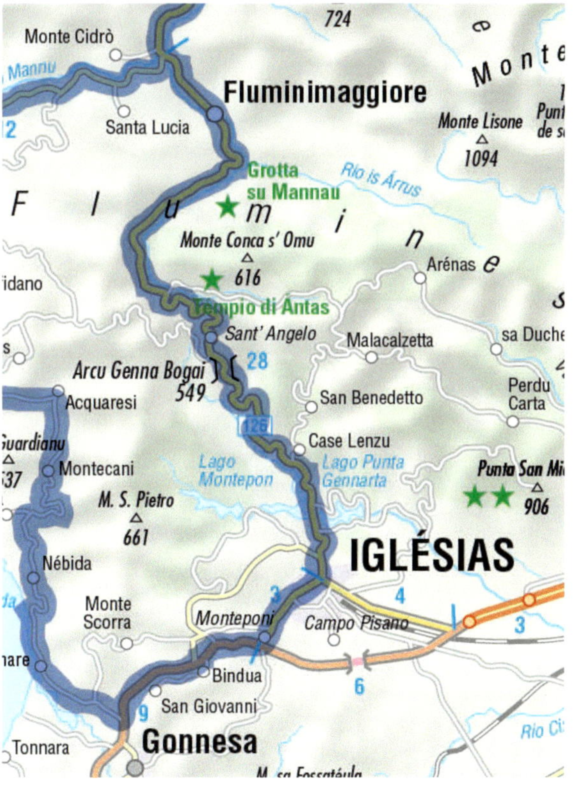

Auch die ist durchaus einen Besuch wert. Der frühere Reichtum durch die umliegenden Silberminen und Erzvorkommen ist heute noch erkennbar. Die romanisch-gotische Kathedrale Santa Chiara an der Piazza Municipio (dem Rathausplatz), der schmucke Palazzi aus dem 18. Jahrhundert, der Bischofspalast, das historische Rathaus und überhaupt die ganze histo-

Am Passo Genna Bogai.

rische Altstadt begeistern jeden Besucher.

Uns ist es noch zu früh für eine Pause, wir verlassen Iglesias wieder in nördlicher Richtung. Auf der Strada Statale SS126 steuern wir den Lago Corsi an und überqueren den Stausee auf einer langen Brücke. In unzähligen Kurven und Serpentinen schlängelt sich die Straße durch das dicht bewaldete Bergland. An den Hängen geht es auf und ab, mal hinunter ins Tal, dann wieder hoch auf den Bergrücken. Kurz vor Sant'Angelo überqueren wir in 549 Metern Höhe den Pass Arcu Genna Bogai und vor dem Städtchen Guspini auch noch den 492 Meter hoch gelegenen Passo Bidderdi.

Guspini wurde, wie manch ein Dorf der Region, im Mittelalter als Bergarbeiterdorf gegründet. Bis zur Schlie-

Kurvenvergnügen am Passo Bidderdi.

ßung der Bergwerke in den 1970er Jahren wohnten hier die Arbeiter der nahegelegenen Montevecchio-Minen. Als es keine Arbeit mehr gab, wanderten viele ab und nicht wenige Sarden aus der Region versuchten ihr Glück als Gastarbeiter in Deutschland. Nach ihrer Pensionierung kehrten einige wieder zurück in ihre Heimat. Daher kann es durchaus vorkommen, dass der Kneipenwirt seine deutschen Gäste in bestem Ruhrpott-Platt anspricht.

Schnell entdecken Kiki und ich in dem geschäftigen Zentrum ein einladendes Straßencafé. Wir ordern zwei leckere Pane Frattau, das köstliche Gericht aus dünnem sardischem Brot und strecken die Motorradfahrer-Beine unter den Tisch. Gut gestärkt verlassen wir Ort wenig später. Wir kehren zurück in den Naturpark und die bewaldeten Berge des Arburese.

Schnell haben wir Montevecchio erreicht. Nicht überraschend, auch hier wurden in der Vergangenheit riesige Blei- und Zinkmengen gefördert und bis in die 1960er Jahre gehörte Montevecchio zu den wichtigsten Minen in ganz Europa. Heute gehört die gesamte

Relikte des Bergbaus in Arbus.

Aussichtsreiche Bergstrecke im Norden dieser Runde.

Lädt zum Baden ein: die Küste von Funtanazza (oben und unten).

Anlage zum Parco Geominerario Storico della Sardegna und steht als Weltkulturerbe unter dem besonderen Schutz der UNESCO. Auch hier zeugen noch zahlreiche Anlagen von der Bergbau-Vergangenheit. Manches ist bereits restauriert. Derzeit wird kräftig daran gearbeitet, einige der alten Anlagen als Museum zu etablieren.

Auf der SP4 nehmen wir Kurs auf den nördlichen Teil der Costa Verde. Erneut geht es über herrlich kurvenreiche Strecken durch die Berge. Vorbei am 785 Meter hohen Monte Arcuentu, einem interessanten Wandergebiet, geht es zu einen Abstecher an die Küste von Funtanazza.

Blankes Gerippe

Hier liegt einsam und verlassen an einem wunderschönen Sandstrand die Ruine der Kolonie Francesco Sartori. 1956 eröffnete hier die Bergwerksgesellschaft von Montevecchio eine Urlaubsstätte für die Kinder ihrer Arbeiter. Bis 1983 war der imposante Stahlbetonbau in Betrieb, tausende Kinder verbrachten in den modernen Anlagen ihre Ferien. Heute zerfällt das „Geisterhaus" und mittlerweile steht nur noch das blanke Gerippe, während die weißen Sandstrände der Umgebung immer noch gerne von den Einheimischen besucht werden.

Bis ganz ans Nordende der Costa Verde führt uns schließlich die SP4 und bei der kleinen Siedlung Pistis gönnen wir uns im Strandcafé einen heißen und starken Espresso, bevor wir wieder den Rückweg antreten. Auf der SP4 geht es zurück und wir orientieren uns an der Beschilderung nach Marina di Arbus. Der über zwei Kilometer lange Sandstrand wird von hohen Sanddünen und dichter Macchia flankiert und die Strada Provinciale führt in weiten Bögen und Schwüngen direkt an der Küstenlinie entlang. Ein Paradies für Badefreunde.

Nach einigen Kilometern endet der Asphalt und wer nicht über ein wenig Offroad-Erfahrung verfügt, sollte wieder umkehren und via Montevecchio den asphaltierten Weg nach Ingurtosu benutzen. Wer sich traut, auch auf unbefestigten Pisten zu fahren, rollt die staubige Piste weiter bis zur urigen Durchfahrt des Rio Rosso di Piscinas. Hier geht es durch rostigrotes Wasser durch eine flache Furt. Die Erze der Region färben das Wasser und den Grund des Baches in geradezu surreal wirkende Farben. Hunderte errichtete Steinmännchen rund um die Furt machen das grandiose optische Erlebnis perfekt.

Offroad-Spaß

Staubig und unbefestigt führt die SP4 weiter durch die sandige Küstenlandschaft. Wer sein Mopped im Griff hat, schafft es auch mit jedem Straßenmotorrad, man darf nur keine Angst vor dem Staub haben. Lediglich eine zweite Wasserdurchfahrt wird zur kleinen Herausforderung. Die runden Steine im Wasser geben wenig Grip und trotz Enduro-Erfahrung füßele auch ich

Wer mag, nimmt den Wasserweg.

etwas vorsichtiger durch die flache Furt. Die nassen Hosenbeine trocknen im Laufe des Nachmittags aber auch wieder. Kein Problem.

Kurz vor den alten Ruinen der Minenanlage von Naracauli geht der lose Untergrund wieder in Asphalt über. Die riesigen Skelette der aufgegebenen Anlage stehen rechts und links der Straße. Wie in einem Endzeitfilm ragen die skurrilen Gebilde in den Himmel. Unzählige Gebäude liegen im Grün verteilt und verfallen. Das gesamte Areal zieht sich bis Ingurtosu hin. Dort führt die SP4 sogar mitten durch das Direktions-Gebäude der Mine: durch den Palazzo della Direzione Miniera di Ingurtosu. Ein echtes Erlebnis!

Mit einem kurzen Intermezzo auf der SS126 kehren wir schließlich wieder nach Portixeddu an den Strand der Costa Verde zurück, wo auf dem Camping Ortus de Mari unser Zelt und die urige Bar auf uns warten. ◀

Spannende Bergbauruinen bei Ingurtosu.

INFOS ZUR TOUR

CHARAKTERISTIK

Diese Tour ist eine ganz spezielle Runde. Fahrtechnisch wird hier alles geboten, von der schnellen Staatsstraße bis zum staubigen Offroad-Abstecher – wenn man den denn möchte. Das eigentlich Beeindruckende ist neben den tollen Strecken aber vor allem die stetige Präsenz der sardischen Bergbau-Vergangenheit. Die Relikte und Ruinen aus den letzten 200 Jahren war für uns extrem beeindruckend und allein deshalb werden wir garantiert noch mehrmals in diese spannende Region zurückkehren.

PÄSSE DER TOUR

Die beiden Pässe dieser Runde liegen auf der Strada Statale SS126 zwischen Iglesias und Guspini: kurz vor Sant'Angelo in 549 Metern Höhe der Arcu Genna Bogai und vor Guspini der 492 Meter hoch gelegene Passo Bidderdi.

ÜBERNACHTUNG

Camping Ortus de Mari
Località Ortus de Mari an der SP83 bei Portixeddu
09010 Buggerru
Einfacher, aber sehr sauberer und sehr netter Platz, bei Motorradfahrern beliebt, fußläufig zum Strand, prima Brötchen-Service.
www.camping.info/italien/sardinien/camping-ortus-de-mari-1022
GPS 39.440687, 8.423268

Hotel La Caletta
Via Amerigo Vespucci, 09031 Torre die Corsari
Freundliches Hotel direkt am Wasser mit 30 Zimmern und verschiedenen Appartements auch für Selbstversorger, tolle Terrasse mit Pool und Sonnenuntergang, Prima Restaurant.
www.lacaletta.it
GPS 39.677225, 8.447791

KOMBINATIONSMÖGLICHKEITEN

Diese Runde Nummer 6 lässt sich mit Tour 7 kombinieren. Für weitere Kilometer bietet sich außerdem ein Abstecher gen Süden auf die Isola di Sant'Antioco an.

Rund um den Vulkan

Eine erholsame und relaxte Tour rund um den Vulkankegel Monte Arci und das Hochplateau Giara di Gesturi ist diese Rundreise, die viel Zeit für das Erkunden der lieblichen Landschaft der Marmilla lässt. Hier geht es nicht um spektakuläre Gebirge und herausfordernde Bergstrecken, sondern um entspanntes Touren durch einsame, landwirtschaftlich geprägte Regionen. Hier lassen sich viele faszinierende Nuraghen gleich neben der Straße entdecken und beschauliche Dörfer warten auf neugierige Reisende.

Auf Tour zwischen Villa Verde und Ales.

ORISTANO
Santa Giusta
Stagno di Santa Giusta
Pálmas Arboréa
Simáxis
Solarussa
Zerfalíu
Siamaggiore
Ollastra
Villanova Truschedu
Fordongiánus
San Lussúrgiu
Busachi
Samugheo
Allai
Siapiccía
Siamanna
Villaurbana
Pitzu Gau 117
Mogorella
Ruínas
Villa Sant' António
Asuni
Láconi
Meana Sardo
Santa Susanna
Monte Conca de Mesu 287
Monte Grighini 673
Bruncu Sogáies 515
Monte Ruina Serra 351
Monte Rodundu 303
Scala s Ebba 497
Punta Modighina 595
Monte Corte Cérbos 616
Castello Medusa
Tiría
Rio Tumboi
Arborea
Punta Laccu sa Vitella 630
Cúccuru Aspu 495
Genna Spina 738
Monte Arci 812
Punta Trébina Longa
Conca s'Ollastu 297
Usellus
Villa Verde
Pau
Escovedu
Albagiara
Zéppara
Áles
Castello Barumeli
Morgongiori
Curcúris
Gonnosnò
Figu
Sini
Genuri
Santa Lucia
Sénis
Assolo
Nureci
N. S. d' Íttiri
Genoni
Nurágus
Nurallao
Zéppara Manna 580
Monte Sant' Antine 591
Gésturi
Barumini
Tuili
Su Nuraxi
Setzu
Turri
Baressa
Barádili
Monte Maiori 293
Monte Zepparedda 609
Pompu
Símala
Síris
Masúllas
Mógoro
Gonnoscodina
Gonnostramatza
Ussaramanna
Siddi
Paúli Arbarei
Castello di Marmilla
Las Plássas
Villanovafranca
Lunamatrona
Collínas
Nuraghe Genna Maria
Villanovaferru
Villamar
Sárdara
Terme di Sárdara
Castello di Monreale
Santa Maria de is Acquas
Sanluri
Convento dei Cappuccini
Furtei
Segariu
Guasila
Samassi
Serrenti
Serramanna
Nuráminis
Villacidro
San Gavino Monreale
Pabillónis
Úras
Terralba
Marrúbiu
Arboréa
San Nicoló
Gúspini
Árbus
Gonnosfanádiga
Fiume Mannu
Lago di Santa Vittoria
Marmilla
Campidano
Monte Línas
Punta Perda de sa Messa 1236
Monte Margiani 859
Cuccuréddus 716
Monte Feurra 341
Strovina
Casa Múrgia
San Michele
Pimpisu
Villasanta
Monte Porceddu 307
Samatzai
Pimentél
Villagreca
Ortacésus
Tempio a Pozzo sacro Santa Vittoria
Gergei
Madonna di Monserrato

TOUREN-STECKBRIEF

BASISORT

Guspini (39.539309, 8.627273)

STRECKENLÄNGE

ca. 210 km

DAUER DER TOUR

6 Stunden

ROADBOOK

Guspini, San Gavino Monreale, Sardara, Collinas, Barumini, Nuragus, Senis, Ales, Uras, Tiria, Villaurbana, Usellus, Mogoro, Pabillonis, Guspini.

HIGHLIGHTS

Uns haben die einsamen Landstraßen durch die landwirtschaftlich geprägte Marmilla bei Collinas fasziniert (39.643410, 8.839501 Collinas).

Bei Ales führt die SP442 durch den Naturpark des Monte Arci und garantiert jede Menge Fahrspaß (39.769979, 8.812864 Ales).

Die Auffahrt zum höchsten Punkt des Monte Arci durch dichte Wälder besticht durch eine interessante Streckenführung (39.803999, 8.748578).

Feigenkaktus, einfach mal kosten – aber vorsichtig.

Geschmückte Straßen in Colinas

Ja, wir bekennen, es müssen nicht immer Kurven, Kehren und Schräglagen sein. Klar, sie sind das Salz in der Suppe des Motorradfahrens, aber ist es nicht auch einfach mal schön, entspannt und locker wie Wyatt und Billy in dem monumentalen Epos Easy Rider durch die Landschaft zu gleiten, die weiten Panoramen rechts und links des Asphalts zu genießen und nichts zu tun außer über den Asphalt zu rollen?

Kiki und ich mögen auch das, und so gefällt uns die Fahrt auf der Strada Statale 197 von Guspini gen Osten. Vorhin waren wir nach einem munter machenden Frühstück gestartet, hatten Guspinis Stadtgrenze hinter uns gelassen und rollen nun auf schnurgeradem Asphalt durch das flache Land, durch von der Sommersonne verdorrte Wiesen und Weiden, vorbei an verknorpelten Korkeichen, die alle paar hundert Meter am Straßenrand stehen. Die frische, morgendliche Luft dringt in den Helm, es riecht nach feuchten Gras und Erde. Kurz vor San Gavino läuft einer der vielen sardischen Straßenhunde am Rande der Straße entlang. Ohne sich umzudrehen macht er uns Platz und trottet anschließend weiter. Wahrscheinlich ist der kleine Ort sein Ziel. Auch wir biegen hier ab, folgen den Schildern nach Sardara. Die Stadt ist vor allem für ihre heißen Quellen und Thermen bekannt. 60 Grad heißes Wasser sprudelt hier aus der Erde. Wer will, kann in Sardara auch gleich die komplette Fango- und Beauty-Kur absolvieren.

Hunderte Girlanden

Wir sind schön genug, entspannen lieber weiter auf zwei Rädern. Der nächste kleine Ort, Collinas, ist bunt geschmückt. Hunderte Girlanden sind von Haus zu Haus gespannt. Während wir das farbenfrohe Ensemble fotogra-

fieren, nähert sich uns das obligatorische Grüppchen alter Männer, dass in südlichen Orten meist im Schatten auf einer der vielen Bänke das Rentnerdasein genießt. Wahrscheinlich ist die kleine Riege auf dem Weg zum Frühschoppen. Fröhlich werden wir begrüßt, und unsere Honda begutachte.

Leider haben wir ein echtes Problem: den hiesigen Dialekt auch nur annähernd zu verstehen. Macht aber nichts, lachend werden wir verabschiedet. Barumini heißt unser nächstes Ziel. Mitten in der flachen Landschaft der Marmilla gelegen, findet sich hier der größte und am besten erhaltene Nuraghen-Komplex Sardiniens, Su Nuraxi.

Abstecher locken zwischen Nuragus und Barumini.

Seit unglaublichen 4 000 Jahren steht diese mächtige, im Lauf der Zeit immer weiter ausgebaute Anla-

ge zwischen den Feldern und Wiesen dieser einsamen Region. Rund um den 15 Meter hohen Mittelturm gruppieren sich weitere Türme, ein 20 Meter tiefer Brunnen und die Mauerreste von rund 150 Rundhütten. Die komplette Anlage steht als Weltkulturerbe unter dem Schutz der UNESCO und kann im Rahmen interessanter und lohnenswerter Führungen besichtigt werden.

Zähe Wildpferde

Durch Barumini führt die SS197, der wir nach Norden folgen. Links von uns liegt die Giara di Gesturi. Die Hochebene ist vulkanischen Ursprungs und hebt sich wie ein mächtiger Tafel-

Mächtiger Nuraghe bei Barumini.

berg aus dem flachen Umland empor. Sie steht unter strengem Naturschutz. Es gibt einige Zufahrtswege, aber die eigentliche Hochfläche darf nicht befahren werden. Hier leben die Wildpferde der Giara di Gesturi. Die zähen Pferdchen mit einem Schultermaß von gerade mal 120 Zentimetern gibt es nur hier auf dem Plateau. Auf gut 600 wird ihr Bestand geschätzt, der von

Olivenbaum zwischen Nuragus und Barumini.

Die Viecher kennen ihren Weg.

EXTRA-TIPP

ARBOREA Gleich östlich an diese Runde anschließend liegt das interessante 4000 Einwohner-Städtchen Arborea. Gegründet wurde es erst im Jahr 1928 unter dem faschistischen Regime Mussolinis. Es trug seinerzeit den Namen Mussolinia, der nach dem Ende des Zweiten Weltkriegs in Arborea geändert wurde. Ursprünglich befand sich am Ort seiner Gründung der Stagno di Sassu, ein ausgedehntes Moorgebiet. Dieses wurde ab 1919 trockengelegt.

Arborea liegt inmitten grüner Felder, es wurde weit überwiegend von venetianischen Siedlern bevölkert. Noch heute sprechen viele Anwohner in der dritten und vierten Generation einen venezianischen Dialekt. Arborea weist einen streng geometrischen Grundriss auf –typisch für faschistische Stadtgründungen. Das Zentrum liegt an der Piazza Maria Ausiliatrice (**GPS** 39.774807, 8.582379). Dort finden sich auch das Rathaus und die örtliche Touristinfo, wo es interessante Infos zum Ort und zur Region gibt.

Es gibt mehrere Zufahrten zur Küste, im Süden liegt das kleine Fischerdorf Marceddi an dessen Hafen sich lecker Cappuccino trinken lässt (**GPS** 39.721896, 8.507742). Am ersten Maisonntag feiern die Bewohner von Arborea traditionell ein großes Dorffest, welches der Erdbeere gewidmet wird. Am letzten Oktobersonntag steigt das Polenta-Fest, bei dem man das berühmte Gericht aus Venetien in den unterschiedlichsten Variationen probieren kann.

Wildhütern gepflegt wird. Bei Nuragus halten wir uns links, verlassen die Strada Statale und umrunden die Giara di Gesturi in großem Bogen.

Hinter dem kleinen Ort Genoni dürfen wir dann auch die ersten richtigen Kurven des Tages genießen. Es wird ein wenig bergiger und der Verlauf des Asphalts passt sich den Hügeln an. Kleine Felsen huschen am Straßenrand vorbei, links fällt der Blick in ein weites, grünes Tal mit weidenden Kühen. Bald treffen wir auf die gut ausgebaute SS442, die in weite Schwüngen in westlicher Richtung führt. Die Landschaft ändert sich kaum. Durch dichte grüne Hecken getrennte Äcker und Olivenhaine bestimmen das Bild. Nur selten fällt unser Blick mal auf die weißen Hauswände eines Hofes oder die erdbraunen Überreste eines zerfallenen Hauses.

Es wird bergiger bei Ales. Das kleine Dorf mit seinen gerade mal 1500 Einwohnern ist der Hauptort der Mar-

milla und war einst sogar Bischofssitz. In seinem Zentrum steht die Kathedrale di San Pietro. Ich lasse die Africa Twin gleich an der großen Freitreppe vor der Kirche ausrollen. Im gemütlichen Café gegenüber lassen Kiki und ich uns einen Cappuccino munden.

Gipfelglück

Ales liegt direkt zu Füßen des 812 Meter hohen Monte Arci und am Rande des Naturschutzgebietes, welches das erloschene Vulkanmassiv umgibt. Von Ales führt eine mehrere Kilometer lange, gut asphaltierte Waldstrecke hinauf auf den mächtigen Basaltkegel Sa Trebina Longa, der den Gipfel des Monte Arci markiert. Das lassen wir uns nicht nehmen und erkunden die Bergstrecke, an deren Ende oben auf dem Gipfel ein einladender Picknickplatz liegt. Gerade richtig für unser mitgebrachtes Mahl. Leider hält sich die Aussicht von hier oben in Grenzen, der dichte Wald verhindert den Blick in die Ferne.

Weiter geht es auf der kurvigen SS442 quer durch den Naturpark. Wir durchqueren Morgongiori, erreichen das südliche Ende des Parks und bei

Auf dem Gipfel des Monte Arci.

Lecker Picknick – so muss das sein.

Blick über Täler und Berge bei Ales.

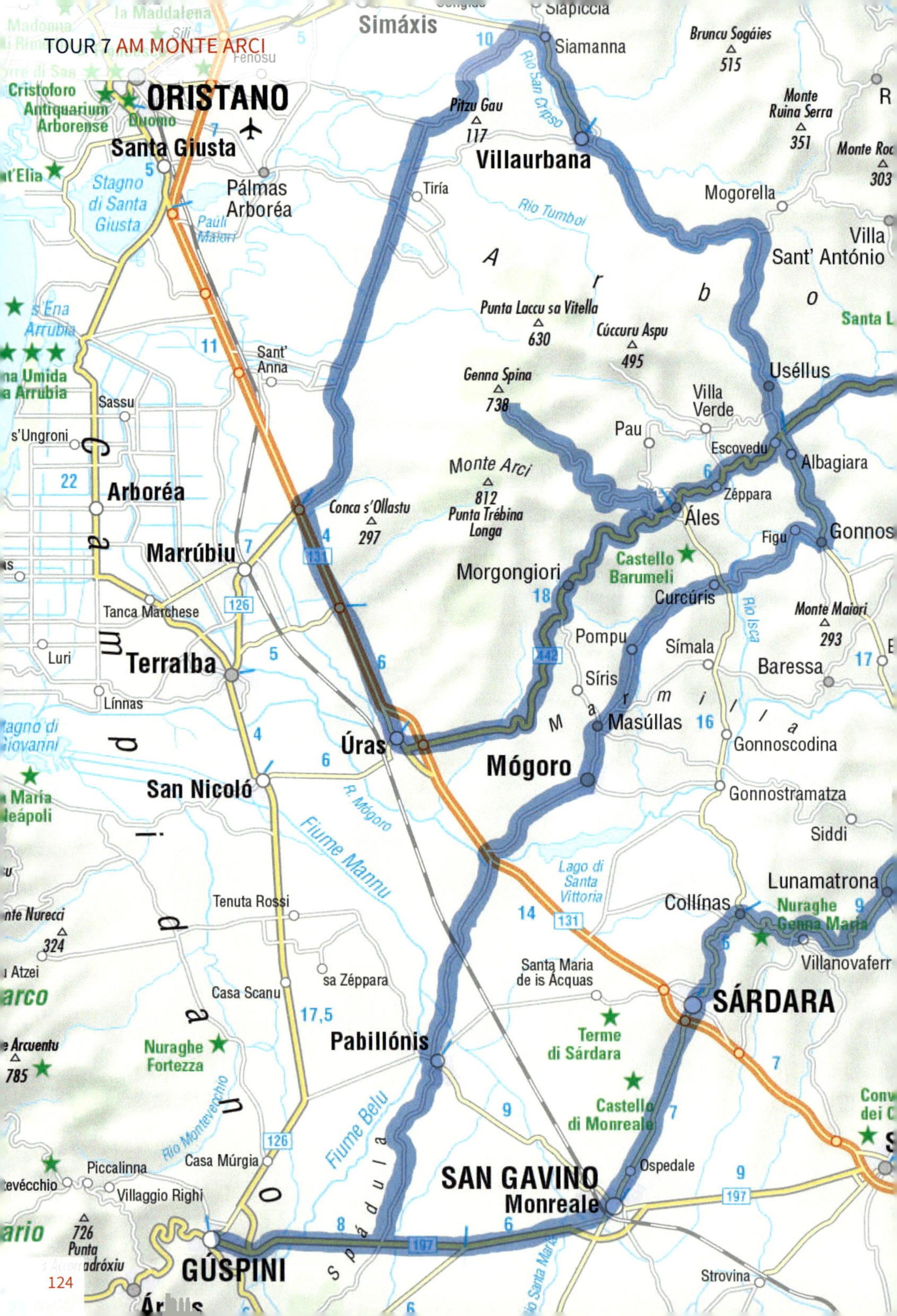

Simáxis
Siamanna
Bruncu Sogáies
515
ORISTANO
Santa Giusta
Pitzu Gau
117
Villaurbana
Monte Ruina Serra
351
Cristoforo
Antiquarium Arborense
Duomo
Stagno di Santa Giusta
Pálmas Arboréa
Páuli Maiori
Tiría
Rio San Crispo
Rio Tumboi
Mogorella
Villa Sant' António
Punta Laccu sa Vitella
630
Cúccuru Aspu
495
Genna Spina
738
Sant' Anna
Sassu
s'Ungroni
Uséllus
Villa Verde
Pau
Escovedu
Albagiara
Monte Arci
812
Punta Trébina Longa
Conca s'Ollastu
297
Zéppara
Áles
Figu
Gonnos
Arboréa
Marrúbiu
Castello Barumeli
Morgongiori
Curcúris
Tanca Marchese
Luri
Terralba
Línnas
Pompu
Símala
Síris
Monte Maiori
293
Baressa
Masúllas
Gonnoscodina
Úras
Mógoro
San Nicoló
Gonnostramatza
Siddi
R. Mógoro
Fiume Mannu
Lago di Santa Vittoria
Lunamatrona
Collínas
Nuraghe Genna Maria
Tenuta Rossi
Villanovaferr
Santa Maria de is Acquas
sa Zéppara
Casa Scanu
SÁRDARA
Terme di Sárdara
Nuraghe Fortezza
Pabillónis
Castello di Monreale
Rio Montevecchio
Fiume Belu
Casa Múrgia
Piccalinna
Villaggio Righi
Ospedale
SAN GAVINO Monreale
726 Punta Acorradróxiu
GÚSPINI
Strovina
Campidano
Marmilla
Arborea

Uras biegen wir auf die mehrspurige SS131 ab. Die autobahnähnlich ausgebaute Schnellstraße führt an die Küste nach Oristano, die Hauptstadt der gleichnamigen Provinz. Da wir aber die abwechslungsreiche Runde um den Monte Arci noch komplett machen wollen, setze ich nach rund zehn Kilometern schneller Fahrt den Blinker und bei Marrubiu geht es rechts ab, wieder auf den Naturpark zu.

Sonnenverbrannt

Nun liegt der mächtige Vulkankegel rechts von uns und wie heute morgen geht es nun für einige Kilometer schnurgerade durch die sonnenverbrannte Landschaft. Wir sind fast alleine unterwegs auf der SP68, die exakt am Rand des Naturparks verläuft. Zwei, drei Autos habe ich mit einem kurzen Dreh am Gasgriff schnell überholt und bald fällt uns die Beschilderung nach Villaurbana ins Auge. Rund um das Dorf liegen zahlreiche Nura-

Kunst am Wegesrand: Sardische Flagge …

… und liebevolle Werke.

Bei Mogoro zeigt sich die Straße in tadellosem Zustand.

ghen, bekannt ist Villaurbana jedoch vor allem durch seine Dorffeste, bei denen es vor allem um die traditionelle Zubereitung von Brot geht. Zum „Nabel der Welt des traditionellen Brotbackens" möchte der kleine Ort werden.

Villaurbana entlässt uns in südlicher Richtung auf die SP35. Durch die sanft bergige Landschaft düsen wir immer weiter am Rand des Naturparks entlang. Die Landstraße windet sich mit langgezogenen Kurven zwischen den Hügeln hindurch.

Die große Runde um den vulkanischen Monte Arci führt uns auch ein zweites Mal am Tafelberg der Giara di Gesturi vorbei, diesmal an der Ostseite des Plateaus. Südlich der beiden Bergzüge tauchen wir wieder in die Marmilla ein und erreichen bald Mogoro. Die Gemeinde am südlichen Naturparkende ist ein wichtiges Zentrum der sardischen Webkunst. Teppiche aus Mogoro sind geschätzt und auf der jährlichen Teppichmesse werden unzählige traditionell gewebte Teppiche vorgestellt und verkauft. Mogoros Winzergenossenschaft ist nicht weniger erfolgreich und viele gute Weine stammen aus dieser Region.

Für uns Mogoro die letzte Station auf dieser Rundreise um den vulkanischen Monte Arci. Vorbei am Lago di Santa Vittoria machen wir uns wieder nach Guspini auf die Reifen, Ausgangspunkt dieser erholsamen Fahrt durch die weiten Landschaften der Marmilla. ◂

INFOS ZUR TOUR

CHARAKTERISTIK

Eine ganz entspannte Tour ohne größere fahrerische Herausforderungen. Hier geht es um genussvolles cruisen durch weite, offene Landschaften und das Entdecken der kleinen Dörfer. Die Straßen sind meist topp, der Asphalt griffig.

PÄSSE DER TOUR

Im Großen und Ganzen spielt sich diese Runde eher in geringeren Höhen ab. Einzig die Auffahrt am 812 Meter hohen Monte Arci führt in größere Höhen. Da sie jedoch unterhalb des Gipfels endet, gilt sie nicht als echte Passstraße.

ÜBERNACHTUNG

Sa Rocca Hotel & Ressort
Localita‘ San Giorgio SS196 bei km 42, 09036 Guspini
Elegantes Hotel in toller Lage mit schönem Pool, ansprechendem Restaurant und nettem Service.
www.sarocca.it
GPS 39.524737, 8.640322

Cortis Antigas
Via Fra Nicola 26, 09020 Gesturi
Urgemütliches B&B in einem toll restaurierten Haus, klasse Frühstück mit regionalen Produkten, sehr freundlicher Gastgeber.
www.cortisantigas.it
GPS 39.733819, 9.020832

KOMBINATIONSMÖGLICHKEITEN

Diese Runde liegt genau zwischen den Touren 4 und 6 und lässt sich entsprechend kombinieren. Wer gerne mehr Kilometer machen möchte, fährt noch weiter an die Küste nach Arborea oder nach Oristano.

Stadt, Land, **Fluss**

Wer Alghero als die schönste Stadt Sardiniens bezeichnet, hat sicher nicht Unrecht. Eine Reise in die tolle Küstenstadt lohnt sich immer. Nicht weniger lohnenswert ist ein Ausflug in die Region südlich Algheros. Die kurvenreiche Küstenstraße, die spannenden Touren im Hinterland und die Bergstraßen rund um den Monte Ferru sind ein Gedicht. Und dann wartet da auch noch Bosa am Ufer des Temo.

Aussichtsreicher Halt an der Westküste zwischen Bosa und Macomer.

Úsini
Ossi
Ploaghe
Olmedo
Codrongianos
Florinas
Uri
Aeroporto Int. di Alghero Rúiu
Fertília
Ponte Romano
Necropoli Anghelu Rúiu
Necropoli di Santu Pedru
Surigheddu
Lago del Cuga
Íttiri
Spiággia delle Bombarde
Lido S. Giovanni
Rada d'Alghero
San Agostino Vécchio
San Giovanni
Casa Doria
Alghero
Santuário di Valverde
Putifígari
Monte Maiore 331
Monte Unturzu 558
N.S. di Coros
Nuraghe Runara
Monte Gherra 658
Santa Maria de Sea
Síligo
Bánari
Bessude
Bonnánaro
Borutta
Torralba
Thiesi
Cherémule
Cala Bona
Santa Anna
Monte Pettenadu 349
Monte Barate 162
Punta sa Casa 506
Ponte Tataresu
Monte Mura Donnai 467
Villanova Monteleone
Monte Ruzzunis 542
Grotta M. Maiore
Monte Frusciu 583
Cala Burantinu
Torre Póglina
Cappella la Speranza
Cala Griécas
Monte Santa Maria 697
Nostra Signora d'Interríos
Lago di Temo
Romana
Monteleone Rocca Dória
Punta Ena Tunda 493
Pedra Ettóri 717
Nuraghe San Sisto
Valle dei Nuraghi
Giave
sa Mesa de s'Attentu
Nuraghe Appiu
Palazzo Minerva
644
Monte Minerva
Nuraghe Mannu
Chiesa Bonu Ighinu
Santa Maria Iscalas
Cossoíne
Seno de sa Pazzosa
Monte Tefi 590
Monte Larenta 398
Monte Rúiu 668
Scuola Agrária
Monte Abe 344
Mara
Porto Tangone
Pádria
Pozzomaggiore
Seméstene
Monte Mannu 802
Monte Navrino 532
Montresta
Nuraghe Vigna
San Nicolò di Trúllas
Nuraghe Códes
Cala Íttiri
Punta Sos Attetos 252
Ísola Pagliosa
Porto Baosu
Capo Marárgiu
Porto Managu
Monte Pittada 788
Monte Pedru 410
Gotte Tavu de Mari
Nuraghe S'Ulia
Nuraghe Péidru
Monte Figulada 599
Monte Badde Fae 477
Torre Argentina
Planárgia
Nuraghe Nuradeo
Monte Rughe 665
Altopiano
Bosa
Sindía
Nuraghe Montecódes
Castello di Serravalle
Ísola Rossa
Bosa Marina
Suni
Abbazia di Santa Maria di Corte
Nuraghe Mte. Muradu
Necropoli di Filigosa
San Pietro Extramuros
Tinnura
Santa Maria del Mare
Flussio
Magomádas
Tresnurághes
Nuraghe Serrese
sas Perdas Marmuradas de Tamuli
Area archeologia di Tamuli
Macomer
Nuraghe Pórcos
Monte Lório 205
Torre Columbárgia
Punta Salamura 210
Sennaríolo
Scano di Montiferro
Colonia Montana
Monte Sant'António 808
Nuraghe Craba
Nuraghe Cogolatzu
Scóglio Corona Niedda
San Marco
Cúglieri
Nuraghe Pozzo Maiore
Torre Foghe
Punta di Foghe
S. Maria della Neve
Castello di Monte Ferru
Rocca sa Pattada 959
Badde Urbara
San Leonardo de Siete Fuéntes
Monte Tuvonari 759
Santu Lussúrgiu
Monte Urtigu 1050
Nuraghe Oratiddo
Monte Ferru
Fattoria Pilli
Nuraghe Nárgius
Torre Pittinuri
Santa Caterina di Pittinuri
Bonárcado
s'Architttu
Córnus
Monte Mesu'e Róccas 584
Santuario di N.S. di Bonacattu
Santa Cristina
Nuraghe Atzara
Paulil
Torre su Puttu
Europa Camping Village
Nuraghe Córnus
Monte Rasseu 475
Séneghe
Torre Scala
Cala su

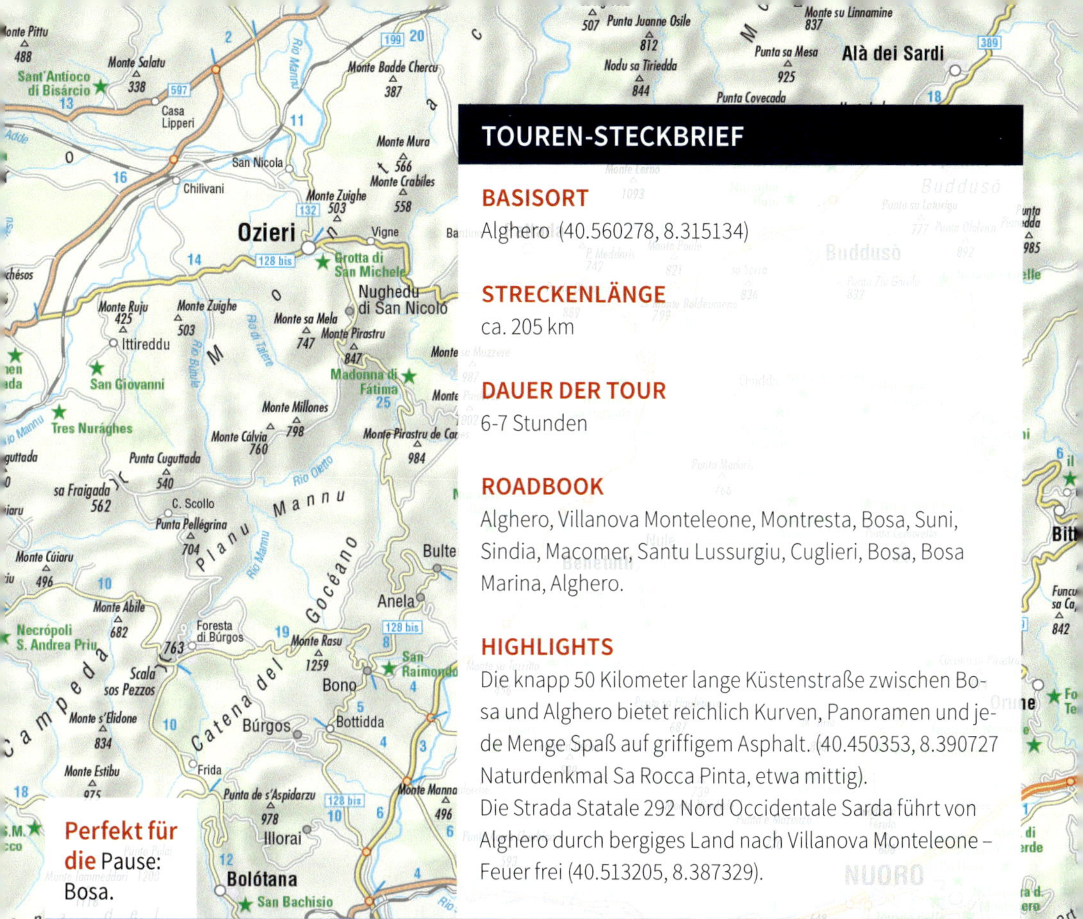

TOUREN-STECKBRIEF

BASISORT

Alghero (40.560278, 8.315134)

STRECKENLÄNGE

ca. 205 km

DAUER DER TOUR

6-7 Stunden

ROADBOOK

Alghero, Villanova Monteleone, Montresta, Bosa, Suni, Sindia, Macomer, Santu Lussurgiu, Cuglieri, Bosa, Bosa Marina, Alghero.

HIGHLIGHTS

Die knapp 50 Kilometer lange Küstenstraße zwischen Bosa und Alghero bietet reichlich Kurven, Panoramen und jede Menge Spaß auf griffigem Asphalt. (40.450353, 8.390727 Naturdenkmal Sa Rocca Pinta, etwa mittig).
Die Strada Statale 292 Nord Occidentale Sarda führt von Alghero durch bergiges Land nach Villanova Monteleone – Feuer frei (40.513205, 8.387329).

Perfekt für die Pause: Bosa.

Wir lieben Alghero! Wann immer wir auf Sardinien unterwegs sind, ein Besuch in der quirligen Hafenstadt im Nordwesten der Insel muss einfach sein. Der urige Hafen, in dem immer etwas los ist, die vielen engen Gassen im Zentrum mit ihren unzähligen kleinen und interessanten Läden, die einladenden Bars und Cafés, aber besonders die trutzige Stadtmauer, auf der es sich so herrlich flanieren lässt – all das begeistert uns.

Der spanische Einfluss ist unübersehbar. Waren es doch die Katalanen, die Alghero nach der Eroberung so wehrhaft ausbauten und die heimische Bevölkerung aus der Stadt vertrieb. Den Sarden war es sogar bei Strafe verboten, über Nacht in Alghero zu verweilen.

Alte Römerbrücke nördlich von Alghero.

Heute freut man sich natürlich über jeden Übernachtungsgast. Es gibt unzählige Hotels und einladende Pensionen in und um die Küstenstadt. Unser Basislager ist der Campingplatz Laguna Blu in der Bucht von Alghero, gerade mal vier Kilometer vom Zentrum entfernt. Von hier starteten wir gestern zu unserem obligatorischen Besuch in Alghero, schlenderten den halben Tag durch die Altstadt, ließen uns am Hafen bei einem leckeren Cappuccino die Sonne ins Gesicht scheinen und genossen am Abend die freundliche Gastlichkeit auf Algheros urigen Plätzen.

Mopped-Spaß auf der SS292.

Ab ins Hinterland

Jetzt wollen wir das Hinterland erkunden, durchqueren zügig die 45 000-Einwohner-Stadt und halten uns an die gute Beschilderung nach Villanova. Die SS292 führt uns heraus aus Alghero und mitten hinein ins pralle Kurvenvergnügen. Kaum haben wir die letzten Ausläufer der Hafenstadt hinter uns, führt uns der gewundene Asphalt hinauf auf den Monte Pettenadu und gleich weiter auf den Monte Arviganu. Auch wenn deren Gipfel deutlich unter 500 Meter bleiben, haben die Straßenbauer dennoch scheinbar keine Gelegenheit ausgelassen, reichlich Kurven zu installieren.

Alghero ist Startpunkt dieser kurzweiligen Runde.

Einige Offroad-Abstecher locken rechts und links der Route.

Ku(h)linarisches neben der Strecke (unten) und farbige Fassaden in Bosa (r. Seite).

Schon von weitem sehen wir das weiße Band des Bergdorfs Villanova Monteleone in den Hängen des Santa Maria Massivs kleben. 700 Meter hoch ragt dessen Gipfel in den sardischen Himmel, ist dabei keine acht Kilometer von der Küste entfernt. Das schöne Villanova ist immer für eine Pause gut, uns steht aber mehr der Sinn nach Motorrad fahren. Weiter könnten wir auf der perfekt ausgebauten und kurvenreichen SS292 über den Stausee Lago del Temo und das nette Padria nach Bosa fahren. Diese Strecke kennen wir aber schon und entschließen uns deshalb für eine andere Route.

Unzählige Schräglagen

In Villanova halten wir uns in Richtung Südosten und biegen auf die Strada Provinciale SP12 ab. Die führt nicht weniger kurvengespickt zu Füßen des fast 700 Meter hohen Monte Ruiu durch das bergige Hinterland der Küste bis nach Montresta. Außer uns ist hier kaum ein Mensch unterwegs. Die jenseits des Berges parallel verlaufende Küstenstraße nimmt den Verkehr auf und so können wir ganz alleine all die unzähligen Schräglagen genießen.

Montresta entlässt uns auf der SP19 wieder in Richtung Küste und nach einer neuen Riesenportion Kurven rollen Kiki und ich schließlich in Bosa aus. Das am Ufer des Flusses Temo gelegene Städtchen gehört der Vereinigung „I borghi più belli d'Italia" (die schönsten Orte Italiens) an. Kein Wunder, über der interessanten Altstadt mit ihren weit über Sardinien hinaus bekannten bunten Häusern und schmalen Gassen thront die Burg-

Zwischen Alghero und Villanova gibt‘s reichlich Aussichtspunkte.

ruine des Castello Malaspina aus dem 12. Jahrhundert. Auf den Hängen um den Ort gedeihen neben Oliven auch ergiebige Weinberge. Nicht umsonst gehört der charaktervolle Weißwein Malvasia di Bosa zu den bekanntesten Weinen Sardiniens. Klar, dass wir uns im Zentrum in einem der Läden eine Flasche davon einpacken.

Zu Bosa gehört auch das gleich westlich anschließende Bosa Marina. Hier liegen nicht nur unzählige Boote geschützt vor Anker, sondern auch viele, viele Meter herrlicher Sandstrand. Hierher fährt übrigens auch die berühmte Schmalspurbahn „Trenino Verde", die in Macomer ihren Anfang nimmt.

Shoppen fürs Picknick

Macomer ist auch unser nächstes Ziel. Die 10 000 Einwohner-Stadt ist das wirtschaftliche Zentrum der Region und ist besonders für ihre zahlreichen um den Ort herum liegenden archäologischen Stätten bekannt. Einige der schönsten Nuraghen, die mächtigen Felstürme, stehen rund um Macomer, rund vier Kilometer südwestlich liegt der archäologische Komplex von Tamuli mit Gräbern, Menhiren und den Resten eines ganzen Dorfes aus der Bronzezeit. Und gleich östlich liegt einer der berühmtesten Nuraghe Sardiniens, der Nuraghe Santa Sabina mit der gleichnamigen, direkt daneben stehenden Kirche aus dem elften Jahrhundert. Es gibt auch eine ganze Reihe Läden in Macomer, in denen die örtlichen Produkte der umliegenden Landwirtschaft angeboten werden. Genau richtig für uns, wir decken uns mit allen Zutaten für ein gelungenes Picknick ein: mit herzhaftem Käse, würziger Wurst, ein paar frischen Tomaten und mit ein paar knusprigen Brötchen vom Bäcker.

Auf dem Vulkan

Und den richtigen Ort für ein aussichtsreiches Picknick haben wir auch bald gefunden. Zu Füßen des über eintausend Meter hohen Monte Ferru südwestlich von Macomer findet sich nicht nur ein weiteres Kurven- und Kehrenparadies, sondern auch jede Menge lauschiger Plätze für ein herrliches und erholsames Picknick. Immerhin ist der Monte Ferru der größte Vulkan auf Sardinien. Aber keine Sorge, er ist inzwischen erloschen und gilt als beliebtes Ziel für Wanderer und Mountainbiker.

An seinen Hängen finden sich alte Eichen und Kastanien, unzählige Quellen und in der Luft kreisen Gänsegeier mit einer Spannweite von bis zu zweieinhalb Metern. Lange bleiben wir auf unserer Picknickdecke liegen, genießen den Rundblick und lassen die weißen Wolken über uns durch den Himmel ziehen. Zum Abschluss gönnen wir uns im Schatten der Ka-

In den Bergen bei Santa Lussurgiu.

Küstenstraße zwischen Bosa und Alghero.

thedrale von Cuglieri einen heißen und starken Espresso. Das kleine Bergdorf mit der schon fast überdimensioniert wirkenden Kathedrale liegt nur wenige Kilometer entfernt an den nördlichen Hängen des Monte Ferru.

Echter Fahrspaß

Es geht bergab – mit knackigen Schräglagen lasse ich die Honda auf den Bergstraßen des Monte Ferru wieder ins Tal fliegen. Der südlichste Punkt dieser Rundtour liegt hinter uns und es geht wieder gen Norden. Noch ein paar Kilometer auf unserer alten Bekannten, der SS 292, dann rollen wir wieder nach Bosa hinein. Aus dieser Richtung kommend, fallen die bunten Altstadt-Häuser ins Auge.

Für den Rückweg nach Alghero wählen wir die Strada Provinciale SP49, die Küstenstraße. Sie steht für knapp 50 Kilometer echten Fahrspaß. Kaum liegen die letzten Häuser Bosa Marinas hinter uns, schwenkt der Asphalt hoch auf die steilen Klippen und kredenzt uns einen fantastischen Blick hinaus aufs Mittelmeer. Bis zu 800 Meter hoch ragen die Gipfel gleich rechts von uns in die Höhe, links geht es steil hinab, wo sich riesige, weiß schäumende Wellen an den Felsen brechen. Fischerboote ziehen ihre schnurgerade Linie durch das tiefblaue Wasser, Freizeitkapitäne steuern ihre Segler durchs Nass und weit draußen gleitet ein mächtiger Frachter entlang des Horizonts.

AUTOREN-TIPP

GROTTA DI NETTUNO, DIE NEPTUN-GROTTE – Es gibt nicht wenige Grotten und Höhlen auf Sardinien, bei denen sich ein Besuch lohnt. Aber die Grotta di Nettuno ist schon eine echte Ausnahme und wer gerade in der Nähe von Alghero unterwegs ist, sollte sich diese Naturschönheit auf keinen Fall entgehen lassen. Rund 20 Kilometer Fahrstrecke westlich von Alghero liegt die Tropfsteinhöhle, die zu den schönsten im Bereich des Mittelmeeres zählt, an der Südspitze der malerischen Halbinsel Capo Caccia.

Dabei ist es nicht nur die Höhle selbst, die mit ihren faszinierenden Stalagmiten und Stalagtiten und den wunderschönen Tropfsteingebilden überzeugt. Allein der Weg in

die Welt unter Tage ist schon eine Reise wert. Dazu ist allerdings gute Kondition und Trittsicherheit nötig. 654 Stufen führen über die „Escala del Cabirol" steil hinab entlang der Felswand hinunter ans Meer – ein echter Traumpfad. Wer sich diesen Spaß nicht zutraut, kann allerdings auch ab Alghero mit dem Boot fahren. Das macht auch Spaß und liefert unterwegs tolle Küsten-Panoramen.
Die Höhle selber ist etwa vier Kilometer lang, kann jedoch nur im vorderen Bereich besichtigt werden. Das macht aber gar nichts, gerade der vordere Teil mit seinem mit dem Meer verbundenen Salzwassersee ist der Schönste. Übrigens, die Grotte liegt lediglich einen Meter über dem Meeresspiegel, an stürmischen Tagen ist sie deshalb geschlossen.

GPS 40.563351, 8.163367
Viele weitere Tipps unter **www.grottedinettuno.it**

Alles unter einem Dach: Küstenstraße südlich von Alghero

Die SP49, die wenig später ansatzlos zur SP105 wird, ist als Motorradstrecke auch bei den Locals recht beliebt. Nicht wenige Zweiradfahrer trainieren hier ihre Fahrkünste und wetzen ihre Knieschleifer auf dem Asphalt der Küstenstraße. Zwar sind wir auch nicht gerade im Blümchenpflücker-Modus unterwegs, haben aber zu zweit auf unserer Africa Twin keine Chance gegen die lokalen Supersportler-Fahrer.

Müssen wir aber auch nicht. Dafür haben wir aber auch keine Probleme mit den Carabinieri, die auf dieser Strecke kontrollieren. Das bewahrheitet sich schon einige Kilometer weiter oberhalb des schönen Badestrands Spiaggia della Speranza kurz vor Alghero. Dort sind zwei einheimische Motorradfahrer in eine gestenreiche Diskussion mit einigen Uniformierten verstrickt. Glück für uns, wir werden weitergewunken, dürfen passieren und damit entspannt unsere tolle Tagestour in den Gassen von Alghero beenden. ◀

INFOS ZUR TOUR

CHARAKTERISTIK

Auch diese Tour besticht durch viel Abwechslung. Neben der aussichtsreichen Küstenstraße führen wenig genutzte Nebenstrecken durch ein interessantes Hinterland. Dabei liegen rechts und links des Asphalts lohnenswerte Städtchen und ganz im Süden der Rundtour lockt das mächtigste Vulkanmassiv der Insel. Als Basislager der Tour brilliert zudem Sardiniens schönste Stadt: der Hafenort Alghero.

PÄSSE DER TOUR

Nein, ausgewiesene Pässe gibt es diesmal nicht. Macht aber gar nichts. Das stete Auf und Ab und unzählige Schräglagen machen die Route dennoch zum Knüller.

ÜBERNACHTUNG

B&B La Torre di Alice
Via del Carmine 7, I-08013 Bosa
Familiäres, sehr ansprechendes B&B, nette Betreiber, gutes Frühstück, mitten in Bosas Altstadt, mehrere Restaurants ganz in der Nähe.
www.latorredialice.it
GPS 40.295415, 8.505323

Camping Village Laguna Blu
Strada statale 127, I-07041 Alghero
Großer, ansprechender Campingplatz mit schönen Stellplätzen und umfassenden Angeboten, nettes Restaurant, direkt am Wasser, gute Verbindung nach Alghero.
www.campinglagunablu.com
GPS 40.594651, 8.290969

KOMBINATIONSMÖGLICHKEITEN

Gute Kombination mit Tour 9 im Nordwesten der Insel sowie mit Tour 2, die im Osten anschließt. Wer noch ein paar Kilometer anhängen möchte, nimmt noch das Capo Caccia westlich von Alghero unter die Reifen.

Palast im Nordwesten

Für uns ist Alghero die schönste Stadt Sardiniens und ein Besuch in dieser attraktiven Küstenstadt ist einfach ein Muss. Die Altstadt ist von drei Seiten von Wasser umgeben und lässt sich über die Stadtmauer komplett umrunden.

HAFENSTADT ALGHERO Mit rund 45 000 Einwohnern ist die bildschöne Hafenstadt Alghero die fünftgrößte Stadt Sardiniens. Dank des ganz in der Nähe liegende Flughafens Fertilia lässt sich die auf einer Landzunge liegende Festungsstadt problemlos auch für einen Kurztrip erreichen. Und der lohnt sich wirklich. Für viele Sarden gilt Alghero als die schönste Stadt der Insel.

Im 11. Jahrhundert von der genuesischen Familie Doria befestigt, ist Algheros Altstadt von drei Seiten von Wasser umgeben. Die urige Altstadt mit ihren schmalen Gassen, spannenden Plätzen und urigen Bauten lässt sich über ihre wehrhaften Stadtmauern komplett umrunden. Durch die Tore und Öffnungen der Mauern gelangt man direkt an die einladenden Hausstrände Algheros.

Alghero hat eine wechselvolle Geschichte hinter sich. 1353 fielen die Aragonesen unter dem König Peter IV. von Aragon in der Hafenstadt ein. Er vertrieb Genuesen und Sarden und siedelte Kolonisten aus dem Nordosten der iberischen Halbinsel an. Alghero wurde zur Kolonie Aragons, sowohl die spanische Prägung als auch die ka-

Algheros Hafen ist Ausgangspunkt für spannende Exkursionen.

talanische Mundart haben sich aber bis heute in großen Teilen der Stadt gehalten.

SEHENSWERTES Mit seinen schmalen, verwinkelten Gassen in der historischen Altstadt, den Palazzi, Restaurants, Bars und Cafés wird es innerhalb der mächtigen Wehrmauern nie langweilig. Im Norden der Stadt liegen herrliche Sandstrände und laden zum Badevergnügen und Wandeln. Südlich locken die von Höhlen durchzogenen Felsen an der Küste.

Im **CENTRO STORICO**, der historischen Altstadt, ragt die mächtige **CATTEDRALE DI SANTA MARIA** auf der Piazza Duomo in den Himmel. Der Glockenturm kann für 2,00 Euro Eintritt bestiegen werden. Der Ausblick von oben auf die Stadt ist einfach fantastisch.

Von der Stadtmauer existieren noch einige Türme. Der interessanteste ist sicher der **TORRE PORTA E TERRA** an der Piazza Porta e Terra. Er lässt sich gegen einen kleinen Obolus besichtigen und beinhaltet ein kleines, aber interessantes Museum mit einer multimedialen Ausstellung zur Stadtgeschichte. Auch von seiner Aussichtsplattform bietet sich ein traumhaftes Rund-Panorama.

Im nörlichen Bereich liegt die **BASTIONE DELLA MADDALENA**. Sie überzeugt ebenfalls mit einem Rundturm. Zwei weitere Bastionen liegen im Süden und Westen. In ihrem Schatten liegen einige gemütliche Bars und Restaurants, von denen aus sich herrliche Sonnenuntergänge genießen lassen.

Algheros quirlige Innenstadt lockt mit herrlichen Gassen und Plätzen.

Sehr interessant ist Algheros **CENTRAL MARKET**. Er liegt in der Via Sassari 12 und besteht aus zwei Markthallen. Eine bietet Fisch und sonstige Meeresfrüchte, die andere Obst, Gemüse und Fleisch. Zudem locken leckere Weine.

INFORMATIONEN Vor Ort informiert kompetent und freundlich das **TOURISMUSBÜRO UFFICIO INFORMAZIONI TURISTICHE CITTÀ DI ALGHERO** an der Piazza Porta Terra 9. Hier gibt es hilfreiche Stadtpläne, interessante Broschüren und praktische Übernachtungstipps. Auf der Internetseite **www.alghero-turismo.eu** gibt es jede Menge Infos und einen Veranstaltungskalender, leider jedoch nur in italienischer Sprache.

Das große Dorf am Meer

Sie sind stolz auf ihren Ort, die Einwohner von Bosa. Und dazu haben sie auch allen Grund. Direkt an den Ufern des Temos, des einzigen schiffbaren Flusses Sardiniens, liegt dieses hübsche kleine Städtchen an der Westküste.

Die einladende Flusspromenade lädt zum Bummeln und Relaxen unter schattenspendenden Palmen. Im sich sanft kräuselnden Wasser des träge fließenden Gewässers dümpeln eine ganze Reihe bunter Fischerboote vor sich hin. Ihre Eigner sitzen nicht selten auf den Planken und flicken ihre Netze oder verkaufen am frühen Vormittag den mehr oder weniger erfolgreichen Fang der Nacht.

Gleich dahinter ragen die Fassaden der historischen Bürgerhäuser in die Höhe. Sie bilden den Abschluss der farbenfrohen Altstadt mit ihren schmalen, verwinkelten Gassen, in denen sich viel Spannendes entdecken lässt.

SEHENSWERTES Auf keinen Fall darf man sich die bunte Altstadt von Bosa entgehen lassen. Die engen Gassen führen mit ihrem uralten Kopfsteinpflaster vom Temo bis hinauf zur imposanten Burgruine des **CASTELLO MALASPINA** aus dem 12. Jahrhundert. Die kleinen Häuser der Altstadt werden immer wieder aufs Neue bunt gestrichen, überhaupt wirkt Bosa wie ein lebendiges Freilichtmuseum.

Einst war Bosa durch seine Lederverabeitung eine reiche Stadt. Man sieht es noch heute, auch wenn mittlerweile der Prunk eher durch einen gewissen morbiden Charme ersetzt ist. Die interessanteste Straße der Altstadt

Bunt und bildschön: Bosa lockt mit toller Lage und reicher Geschichte.

ist die **CORSO VITTORIO EMANUELE** mit ihrem historischen Granitpflaster. Sie ist gesäumt von hohen Palazzi mit schönen Fassaden und eisernen Balkonen. An ihrem Ende liegt die interessante Cattedrale dell'Immacolata aus dem 16. Jahrhundert.

Gegenüber der Altstadt liegen auf der anderen Seite des Temos die alten Gebäude der Gerberei **SAS CONZAS**. Die alte Steinbrücke **PONTE VECCHIO** war lange Zeit die einzige Verbindung zwischen den beiden Ufern. Die Gerberei war recht eingefallen. Als wichtiges historisches Denkmal einer vergangenen Industrieepoche wird sie jedoch nach und nach renoviert und restauriert. Auch hier lohnt sich ein Besuch – es gibt immer wieder Neues zu entdecken. Neben einigen netten Restaurants auch das **GERBEREI-MUSEUM MUSEO DELLE CONCE**. Der Boden des Erdgeschosses besteht zum Teil aus Glas. Darunter sind die eingelassenen Gerbgruben zu sehen. Historische Maschinen und Werkzeuge zeugen von der Geschichte der Lederverarbeitung.

Sehenswert ist auch das Museum **CASA DERIU** in der Altstadt. Das dreistöckige Gebäude aus dem 19. Jahrhundert ist weitgehend im Originalzustand erhalten und zeigt Wohnzimmer, Schlafraum, Ankleide- und Speisezimmer einer wohlhabenden Familie aus dem alten Bosa.

Unbedingt muss man natürlich auch hinauf auf das Castello Malaspina. Das Panorama über die Stadt, den Fluss und die herrlich grüne Tallandschaft ist fantastisch. Viele Wehrgänge und Mauern wurden restauriert. Es macht viel Spaß, hier ein wenig herumzuschleichen und auf Entdeckungstour zu gehen.

Zum guten Schluss sollte man auch einen Blick auf das gut zwei Kilometer entfernte **BOSA MARINA** werfen. Der schöne Badestrand des zu Bosa gehörenden Badeorts lädt zum Erfrischen; der Strand ist über 150 Meter breit und sehr sauber. Dazu gehört die Felseninsel **ISOLA ROSSA** mit ihrem Sarazenenturm, die über eine Mole mit dem Land verbunden ist.

INFORMATIONEN In Bosa informiert ausführlich und freundlich die **TOURISTENINFORMATION** in der Via Azuni 5. Hier gibt es hilfreiches Karten- und Informationsmaterial sowie Übernachtungstipps. Auf der Internetseite **www.bosainfo.com** gibt es jede Menge Infos, einen Veranstaltungskalender und auch Tipps zum Heiraten, sogar in deutscher Sprache. ◂

Über der farbenfrohen Altstadt Bosas wacht das Castello Malaspina.

Von Murmeln **und Elefanten**

Dieser Rundtrip ist eine fantastische Tour durch den Norden Sardiniens. Voller Überraschungen führt er durch die einmaligen Landschaften der Anglona und der Gallura. Kurvenspektakel und kruckelige Bergstrecken wechseln sich ab und als Sahnestück lockt ein Abstecher in eines der schönsten Küstenstädtchen Sardiniens.

An der Costa Paradiso.

TOUREN-STECKBRIEF

BASISORT
Isola Rossa (41.012977, 8.874348)

STRECKENLÄNGE
ca. 260 km

DAUER DER TOUR
7 Stunden

ROADBOOK
Isola Rossa, Costa Paradiso, Trinita d'Agultu, Aggius, Tempio Pausania, Oschiri, Tula, Chiaramonti. Martis, Nulvi, Sassari, Sorso, Castelsardo, Sedini, Perfugas, Trinita d'Agultu, Isola Rossa.

HIGHLIGHTS
Die tolle Strecke durch das Valle della Luna nach Aggius glänzt nicht nur durch landschaftliche Höhepunkte (40.934117, 9.066568 Aggius).

Von Castelsardo führt die grandiose SS134 durch die Anglona vorbei an Sedini zum Monte Ultana (40.851104, 8.815542 Sedini).

Die Auffahrt zum Gipfel des Monte Limbara ist anspruchsvoll aber sehr lohnend (40.862077, 9.127285 Abzweigung an der SS392).

Roccia dell Elefante bei Castelsardo.

Castelsardo
Sorso
Sénnori
SÁSSARI
Ósilo
Nulvi
Pérfugas
Sédini
Laerru
Chiaramonti
Ploaghe
Ossi
Úsini
Uri
Íttiri
Thiesi
Bonnánaro
Torralba
Móres
Ozieri
Pattada
Oschiri
Berchidda
Témpio Pausánia
Aggius
Lúras
Bortigiádas
Trinità d'Agultu e Vignola
Badesi
Viddalba
S. Maria Coghinas
Valledoria
Codaruina
Aglientu
Vignola Mare
Costa Paradiso
Ísola Rossa
Tula
Érula
Mártis
Bulzi
Tergu
Florinas
Codrongianos
Cargeghe
Múros
Tissi
Villanova Monteleone
Monteleone Rocca Dória
Pozzomaggiore
Bonorva
Giave
Cossoine
Semèstene
Pádria
Mara
Bultei
Anela
Benetutti
Nule
Bono
Búrgos
Bottidda
Nughedu di San Nicolò
Ittireddu
Monte Limbara
Serra di Petra Marina
Lago del Coghinas
Valle della Luna
Valle dei Nuraghi
Planu Mannu
Catena del Goceano
Campeda
Anglona
Logudoro
Monte Acuto
Gallura

Costa Paradiso: Das klingt nicht nur paradiesisch, das ist es auch. Ein bildschönes Stückchen Land am tiefblauen Meer mit einem wildem Wechsel von Sand- und Felsküste, schroffes Gestein ragt aus dem Meer, grüne Macchia fast die sandigen Abschnitte ein, rot leuchtende Porphyrfelsen scheinen in der Sonne zu glühen.

Über allem zieht sich ein fantastisch blauer Himmel und weiße Wellen brechen sich mit rhythmischem Rauschen. Er hat sich gelohnt, unser Abstecher hier hinunter an die paradiesische Küste der Gallura. Die Gallura, das ist die Granit-Region ganz im Nordosten Sardiniens. Vor 300 Jahren noch von der Pest entvölkert, ist sie heute das Ziel vieler Sardinien-Touristen. Die große Feriensiedlung hier an der Costa Paradiso versteckt sich aber zum Glück hinter mächtigen Felsen und so hat dieser schöne Küstenabschnitt seinen Namen dann doch verdient.

Wer mag, kann hier auch über gut gesicherte Stege einen erholsamen Spaziergang entlang der eindrucksvollen

roten Felsenküste unternehmen. Uns steht der Sinn aber eher nach Motorradfahren.

Also kurven wir die steilen Serpentinen wieder hinauf auf die SP90, die hier parallel der Küste verläuft und halten uns in Richtung Castelsardo. Aber nur für ein paar Kilometer, dann setze ich den Blinker links und ab geht's ins Kurvenparadies. Die SP74 von Trinita d'Agultu nach Aggius ist der real gewordene Motorradfahrer-Traum. Mit dem Meer im Rücken schrauben wir uns einige Serpentinen hinauf nach Trinita d'Agultu, dann führt uns die sportliche Strecke auf durchgehend perfektem Asphalt auf langen und schnellen Kurven durch die kahl

Traumhafte Straßen und Strände an der Costa Paradiso.

Panorama-ausblick im Valle della **Luna.**

Blick in die Karte am Monte Limbara.

gefegte Berglandschaft – tolle Panoramen inklusive.

Und als wäre es hier in dieser einsamen Landschaft noch nicht schön genug, öffnet sich plötzlich vor uns das Valle della Luna. Nicht umsonst nennt sich diese skurrile Steinwildnis auch Ebene der Großen Steine. Überall liegen riesige rundgeschliffene Granitfelsen in der Landschaft herum. Dazwischen ducken sich vom Wind zerzauste und erniedrigte Korkeichen. Fast könnte man meinen, ein fantasiebegabter Hollywood-Regisseur habe sich diese Landschaft als Kulisse ausgedacht und überall Granitmurmeln verteilen lassen. Durch diese grandiose Landschaft führt uns die Strada Panoramica vorbei an mächtigen Granitbergen schließlich in das kleine Bergdorf Aggius. In einem der beiden gemütlichen Cafés direkt an der mittelalterlich anmutenden Hauptstraße verdauen wir erstmal mit zwei leckeren Cappuccini unsere Eindrücke.

Malerische Gassen

Nur wenige Kilometer später rollen wir nach Tempio Pausania hinein. Das typisch sardische Bergstädtchen mit seiner authentischen Altstadt wird geprägt von malerischen Gassen und vielen kleinen, interessanten Läden.

Einladende Cafés, Bars und Restaurants warten in dem wuseligen Gewirr aus Gassen auf Gäste. Klar, dass wir uns einen Bummel zwischen den alten Gemäuern aus unverputztem Granit mit ihren schönen schmiedeeisernen Balkonen nicht entgehen lassen. Aus eigener Erfahrung weisen wir darauf hin, dass man sich im Gewirr der Gassen den Weg zurück zu seinem Motorrad gut einprägen sollte. Andernfalls könnte die Suche danach schon mal etwas länger dauern. Übrigens, verdursten wird man in Tempio Pausania mit Sicherheit nicht: Die Stadt und das Gebiet darum herum sind für ihre vielen Quellen mit bestem Quellwasser bekannt.

Wir verlassen Tempio Pausania auf der SS392 in südlicher Richtung. Kaum haben wir die ersten Kurven hinter uns, heißt es schon wieder abbiegen. Der Monte Limbara wartet auf uns. Ein kurzer Abstecher führt hinauf auf 1392 Meter Höhe und damit auf den höchsten Gipfel im Norden Sardiniens. Mit teilweise über zehn Prozent Steigung geht es in etlichen Serpentinen steil bergan, die unübersichtlichen Kurven und der nicht immer so gute Belag fordern meine volle Aufmerksamkeit je höher wir kommen.

Nach rund zehn Kilometern und etlichen Panorama-Ausblicken empfängt uns ein Meer von Radio- und Funkantennen. Überall ragen sie zwischen den Gipfel-Felsen empor. Aber

Der Passo del Limbara auf der SS392.

Oberhalb des Flusses Coghinas.

der mühsame Aufstieg hat sich mehr als gelohnt. Das Panorama hier oben belohnt für die anstrengende Bergfahrt, es ist einfach grandios.

Die gut ausgebaute und spaßige Strada Statale SS392 führt uns zu Füßen des Monte Limbara in Richtung des Lago del Coghinas. Kurven über Kurven führen uns durch dichte Korkeichen- und Nadelwälder – Fahrspaß pur. Dabei überqueren wir in 646 Metern Höhe den Passo del Limbara dessen Rampe uns schließlich hinunter an den Stausee führt. Hier ändert sich die Landschaft völlig.

Einfach schön: die SS392 zwischen Tempio und Oschiri.

In der Gallura

Eben noch im dichten Wald unterwegs, tritt die Vegetation nun rund um den Stausee zurück; es wird fast steppenartig. Die Gallura liegt nun endgültig hinter uns, wir gelangen in die Anglona, ein weites, welliges Ackerland, ohne die schroffen Felsformationen der Gallura.

Nach einer schnellen, kurzen Etappe auf der SS597 schwenken wir am süd-

Nette Begrüßung in der Gallura.

Im versteinerten Wald bei Maris (rechts) und Panoramablick auf dem Monte Alma (unten).

lichen Ende des Lago del Coghinas wieder gen Norden und kurven auf spannender Nebenstrecke durch die Anglona. Über das schöne Bergdorf Chiaramonti erreichen wir Martis.

Der kleine Ort im Nichts der Anglona hält gleich zwei Überraschungen für uns bereit. Da wäre zum einen der Foresta Pietrificata, der versteinerte Wald. Über einen kleinen Abstecher erreichbar, liegen auf einem weitläu-

figen Hang verstreut jede Menge versteinerte Baumstämme. Gleich unterhalb lädt ein schattiger Picknickplatz an einem kleinem Bach mit Blick auf die Versteinerungen zur Pause.

EXTRA-TIPP

CASTELSARDO UND DIE FLECHTKUNST Weit über die Insel hinaus ist das bildschöne Städtchen Castelsardo für sein Kunst-Handwerk rund um das Flechten berühmt. Überall im Ort sieht man die Erzeugnisse der lokalen Handwerker. Nicht selten sitzen Frauen beisammen, die die berühmten Coffinus flechten, spezielle, flache Körbe für die Kuchenbereitung, oft mit kunstvollen, dekorativen Mustern und Elementen. Auch als Schirm- und Zeitschriftenständer, Blumentöpfe oder einfach nur als Wäschekörbe sind Castelsardos Flechterzeugnisse beliebt. Castelsardos Fischer fertigen seit Jahrzehnten Reusen aus Korb und versenken die Fischfallen im Meer. Gefüllt mit leckeren Krustentieren werden die Körbe kurze Zeit später wieder ins Boot gehievt.

Einen eindrucksvollen Einblick in die Entwicklung der Flechtkunst, über die verschiedensten Flechttechniken und die unzähligen Produkte aus Castelsardos Flechtereien bietet das Museo dell'Intreccio Mediterraneo, das Museum für mediterrane Flechtkunst. Es gilt als eines der wichtigsten Sardiniens und ist in den Räumen der Burg Castelsardos untergebracht. Ein Besuch des Castello lohnt sich nicht nur wegen des Museums. Die Aussicht von den Festungsmauern ist einfach fantastisch und an klaren Tagen fällt der Blick bis hinüber nach Korsika (**GPS** 40.915459, 8.713105)

Jede Menge weitere Infos dazu gibt's unter **www.castelsardoturismo.it.**

Kurvenfeuerwerk

Auf dem Rückweg nach Martis kommt man zudem an der Kirchenruine San Pantaleo vorbei. Das teilweise eingestürzte Bauwerk ist zugänglich, abenteuerlustige Entdecker können sogar den alten Turm besteigen. Besteigen lässt sich auch der Monte Alma. Der tolle Aussichtsberg mit seinem interessanten Panorama über die Anglona ist mit einem kurzen Abstecher von der SS 127 zwischen Martis und Nulvi erreichbar. Auf seinem Gipfel thront eine kleine Kirche.

Weiter geht das Kurvenfeuerwerk auf der SS127, nun immer leicht bergauf und stets mit Osilo im Blick. Das Bergstädtchen mit seiner fantastischen Lage auf einem Hügel haben wir schon länger über dem Lenker im Blick. Oben angekommen, rollen wir an der historischen Altstadt mit ihren Bauten aus Gallura-Granit aus. In der Dorfmitte ragen die Überreste des Castello di Malaspina in den Himmel.

Nur wenige Minuten später landen wir in Sassari. Die quirlige Stadt ist mit über 100 000 Einwohnern die zweitgrößte Sardiniens. Sassari liegt inmitten unzähliger Olivenhaine auf einem Kalksteinplateau. Wir drehen mit dem Motorrad eine große Runde durch die lebendige Innenstadt mit ihren vielen sehenswerten Bauwerken und Piazzas.

Zwar wirken diese auf den ersten Blick ein wenig ungepflegt und heruntergekommen, dennoch hat Sassaris Altstadt mit ihren verwinkelten Gassen und alten, urigen Gemäuern einen gewissen Charme. Wir nehmen uns

Verkehrsschilder, über die man sich freut.

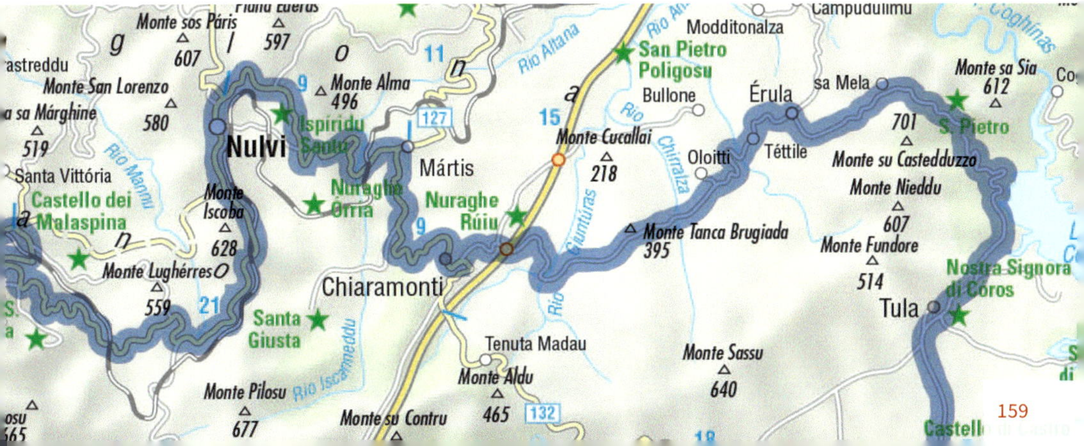

In Sassari lässt es sich prima relaxen …

vor, für einen ausgiebigen Stadtbummel nochmal hierher zurückzukommen, suchen den Ausgang in Richtung Norden und schließlich entlässt uns Sassari auf der SS200 ans Meer.

Historische Altstadt

Castelsardo: Schon die Anfahrt auf die für uns schönste Stadt im Norden Sardiniens ist ein Erlebnis. Auf drei Seiten vom Meer umspült, drücken sich die vielen bunten Häuser dicht an dicht an den Felsen. Über allem thront das genuesische Kastell Fortezza dei Doria, dessen Besuch sich alleine schon wegen des unglaublichen 360-Grad-Panoramas hinunter von der Festungsmauer lohnt.

Die passenden Motorradparkplätze liegen gleich unterhalb, einfach ab der Hauptstraße der Beschilderung in das Centro storico folgen. Die historische

… und bummeln.

Altstadt mit ihren engen Gassen und Treppen, die vielen mittelalterlichen Bauten, die Läden und die unzähligen Restaurants und Bars machen die Stadt auf dem Felsen im Meer zu einem echten Erlebnis.

Wer vom Hunger geplagt wird, sucht am besten die kleine Sandbucht im unteren Teil der Stadt auf. Um sie herum gibt es etliche gute Restaurants mit landestypischer Küche und einem fantastischen Blick auf die Festungsstadt. Nicht ohne Grund gehört Castelsardo übrigens zur Vereinigung „I borghi più belli d'Italia" und damit zu den schönsten Orten Italiens.

Irgendwann müssen wir uns dann doch schweren Herzens von Castelsardo trennen und nehmen Kurs auf Sedini. Weit kommen wir aber nicht, werden wir doch bald hinter der Stadtgrenze heftig eingebremst. Ein Elefant

Castelsardo bietet Idylle über dem Meer.

setzt zum Überqueren der Straße an. Es ist der Roccia dell'Elefante, ein verblüffender Fels direkt am Straßenrand und eines der beliebtesten Fotomotive im Norden Sardiniens. In dem bizarren Felsen setzten schon die Nuragher die Aschenurnen ihre Toten bei. Im Rückspiegel wird der Elefant wieder kleiner. Viele Kurven später erreichen wir Sedini. In bestem Panorama liegt das Dorf über der Anglona. In seiner Mitte liegt ein mächtiger ausgehöhlter Kalksteinklotz, der gleich ein ganzes Haus aufnimmt. Ursprünglich eine mittelalterliche Grabkammer diente der Fels später auch als ungemütliches Gefängnis.

Zebrakirche

Mit der eindrucksvollen Fahrt über die SS134 in Richtung Perfugas – einer der schönsten Streckenabschnitte am Hang durch die Berglandschaft der Anglona – nehmen wir die Endetappe dieser spannenden Rundreise in Angriff. Auf halber Strecke kommt die Zebrakirche San Pietro di Simbanos in den Blick. Die pisanische Landkirche steht ganz allein auf weiter Flur und fällt schon aus der Ferne durch ihre gestreifte Fassade aus braunem Trachyt und weißem Kalk auf.

Letzte Station ist schließlich die Terme di Casteldorie. Direkt am Fluss Coghinas quellt hier bis zu 75 Grad heißes Wasser aus dem Boden. Dadurch erwärmt sich das Flusswasser im Umkreis der Quellen auf angenehme Badewannen-Temperatur. Der schwefelhaltige Schlamm soll bei Hautunreinheiten und Gelenkbeschwerden helfen. Selbst wenn nicht: das Schlammbad in dieser Oase mit Palmen, Eukalyptusbäumen und Pinien macht einfach einen Riesenspaß. ◄

Auf der SS134 zwischen Sedini und Perfugas.

INFOS ZUR TOUR

CHARAKTERISTIK

Hier wird alles geboten – von der perfekten Landstraße bis zur höchst anspruchsvollen Bergauffahrt mit knackigen, engen Serpentinen. Vorsicht ist geboten bei den Abschnitten durch die dichten Nadelwälder. Hier liegen nicht nur reichlich Nadeln und Zweige auf dem Asphalt, nach Regenfällen wird auch schon mal viel Sand auf die Straße gespült. Letzteres gilt auch für alle anderen Bergstraßen dieser Rundtour.

PÄSSE DER TOUR

In 646 Metern Höhe führt der Passo del Limbara von Tempio Pausania an den Lago del Coghinas.

ÜBERNACHTUNG

L'Approdo Apartments
Via Lungomare Cottoni 22, 07038 Isola Rossa
Funktionelle und saubere Apartments in toller Lage direkt am Strand, freundliches Team, gutes Preis-Leistungs-Verhältnis.
lapprodo-apartments.isola-rossa.top-hotels-sardinia.com
GPS 41.013121, 8.873956

La Foce Camping & Village
Via Ampurias, 07039 Valledoria
Gut ausgestatteter Campingplatz mit großem Angebot direkt am Fluss Coghinas nur wenige hundert Meter vom Sandstrand entfernt.
www.camping-lafoce.de
GPS 40.932911, 8.818048

KOMBINATIONSMÖGLICHKEITEN

Die Tour 9 lässt sich mit Tour 10 und im Süden gut mit Tour 2 kombinieren. Wer noch mehr Kilometer fahren möchte, hängt noch einen Abstecher nach Ozieri oder an den Lago Larno an.

Hoch im **Norden**

Die legendäre Smaragdküste im Nordosten Sardiniens erschließt sich auf dieser Runde ebenso wie das grandiose Maddalena-Archipel. Hier liegen die schönsten Küstenstraßen der ganzen Insel. Wer hier unterwegs ist, wird von den vielen Panoramen schier erschlagen. Wir wünschen viel Spaß auf einer ganz außergewöhnlichen Rundreise.

Oberhalb von Pallau hat man einen prima Blick auf das Maddalena Archipel.

TOUREN-STECKBRIEF

BASISORT
Golfo Aranci (41.003862, 9.612558)

STRECKENLÄNGE
ca. 270

DAUER DER TOUR
7 Stunden

ROADBOOK
Golfo Aranci, Monte Moro, Porto Cervo, Golfo di Arzachena, Palau, Isola Maddalena, Isola Caprera, Palau, Santa Teresa, Capo Testa, Luogosanto, Arzachena, Olbia, Golfo Aranci.

HIGHLIGHTS
Die Rundfahrt über die beiden Inseln des Maddalena-Archipels waren ein echtes Highlight auf unserer ganzen Sardinien-Reise (41.181964, 9.386057 Fährhafen in Palau).

Oberhalb des Golfs von Arzachena bietet die Küstenstraße geniale Ausblicke auf die Costa Smeralda (41.120705, 9.440925).

Am Capo d' Orso.

Capo Pertusato
Pointe de Sperono
Archipel des Lavezzi
Naturelle de Îles Lavezzi
Îles Lavezzi
Bouches de Bonifacio
Bocche di Bonifacio
Ísola la Presa
Ísola Razzóli
Ísola Santa Maria
Ísola Piana
Ísola Budelli
Ísola Corselli
Ísola Barrettini
Parco Nazionale dell' Arcipelago della Maddalena
Ísola Maddalena
Arcipelago della Maddalena
Ísola Spargiotto
Ísola Spargi
Monte Millelire
Porto Mássimo
Villaggio Piras
Becco di Vela
160
Cala Maiore
Museo Archeologico Navale Nino Lamboglia
Moneta
Tomba di Garibaldi
Ísola Caprera
Case di Garibaldi
Museo del Compendio Garibaldiano
La Maddalena
Cala Francese
Porto Rafael
Monte Guardiamoro
101
Ísola di S. Stefano
Cala Portese
Palau
Punta Rossa
Ísola delle Bisce
Capo d'Orso
Acapulco
Golfo delle Saline
Parco Nazionale dell' Arcipelag della Madd
Punta Falcone
Porto Longonsardo
Baia di Santa Reparata
Teravecchia
Portoquadro
La Marmorata
Cala Sambuco
La Ficáccia
Santa Teresa Gallura
Capo Testa
La Colba
Santa Reparata
Porto Pitrosu
Marazzino
La Licciola
125
Conca Verde
Ísola Isuledda
Porto Pozzo
Porto Líscia
Porto Puddu
Cala di Trana
Buoncammino
Monte Colba
138
Val di Mela
Sarra Curichena
174
Porto Pozzo
Ciuchesu
Contra la Liccia
216
Barrabisa
Capannáccia
Monte Altura
120
Cala Vall'Alta
Rena Maiore
San Pasquale
Stazzu Pulcheddu
Nuraghe d'Antunceddu
Campováglio
Monte lu Sulianu
284
Monte Saccheddu
339
San Giovanni
Camporotondo
Monte Aglientu
240
Capriolu
Bassacutena
Monte Canu
395
lu Mazzolu
267
Cuncosu
Tanca Manna
Laconia
Punta Martino
336
Cannigione
Villággio Isuledda
Braniatógghiu
Monte Rúiu
260
Santa Maria di lu Macchietu
Punta Cappeddu
312
Punta la Festina
367
San Lussúrgiu
Monte Mazzolu
240
Biliianu Saldu
Arzachena
Tempietto di Malchittu
Monte San Leonardo
299
Tomba di li Lolghi
Necrópoli di li Muri
Nuraghe Albucciu
Mulino di Arzachena
San Michele
San Pantaleo
li Férroli
Luogosanto
Crisciuleddu
Capriuleddu
Nuraghe La Prisciona
Santa Maria della Neve
423
Monte Casteddu
la Traessa
Tomba di Coddu Ecchju
Punta di la Ettica
282
Serra di lu Tassu
765
Sant' António
Monte Padru
587
Monte Candela
409
Monte Foci
331
Pirazzolu
Punta di Montilongu
323
Lago d. Líscia
la Grucitta
San Giácomo
Monte Beccazzittu
708
Monte di Mezzu
386
Pulchiana
673
Monte San Pietro
502
Santa Maria delle Grázie
Sant'António di Gallura
Punta Littu Petrosu
642
Porto Piccolo
Isuledda
Baia Sardínia
Liscia di Vacca
Punta Battistone
Capo Ferro
Calagrano
Porto Cervo
Ísola di li Nibani
Porto Páglia
Piccolo Pevero
Monte Moro
422
Pevero
Abbiadori
Monte Zoppu
139
Porto Liccia
Punta Capaccia
Romazzino
Piccolo Romazzino
Punta Baignoni
197
Costa Smeralda
Capriccioli
Calla di Volpe
Ísola Mortório
Ísole le Cámere
Ísola Soffi
Monte Villica
230
Calla di Petru Rúia
Golfo di Congianus
Aglientina
Portisco
Golfo di Cugnana
Punta della Volpe
Porto Rotondo
Golfo di Marinella
Punta del Canigione
Monte Canale Torto
95
Punta Cugnana
650
Porto di Cugnana
Ladunia
Golfo Aranci
Casagliana
Monte Canareddu
199
Marana
Baia Caddinas
Nostra Signora de su Monte
Spiaggia Bianca
Cala di Sássari
Ísola
Punta de su Aspru
473
Punta sa Turritta
416
Turritta
Punta delle Casette
Nodu Pianu
Complesso nuragico di Cabu Abbas
Lido di Pittulongu
Golfo d
Torre sa Istrana
Pozzo Sacro Sa Testa
Ólbia
San Simplicio
la Bianca
Ísola di Bocca
Lido del Sole
Museo archeologico nazionale
Padrogiano
Aeroporto Int. di Olbia-Costa Smeralda
Portu Qualtu
Le Saline
li Cuncheddi
Costa Romantica
Monte Maladron
219
Punta Rúia
Capo C
Costa Corallina
Porto San Páolo
Tavola
Ísola Pi
Rio Carana
la Maciona
Monte Muddetru
551
Monte Puzzu
738
Monte Pinu
743
Monti Ultana
Lúras
Punta la Colbu
472
Príatu
Monte Petreddu
798
Monte Zighinu
526
Calangiánus
Núchis
Monte Casteddu
623
Fonti di Rinagghiu
Monte Tundu
831
Monte Saurru
735
Piravaglia
364
Punta di lu Dragone
339
Tempio Pausánia
Monte di Deu
669
Nuraghe Agnu
Monte Biancu
1150
Monte Limbara
Telti
Monte la Ética
598
Punta Lu Lutagiu
274
Aratena
Punta Zucchitta
278
Monte Piscolvei
90
Castello Pedreso
Punta Piccinno
320
Monte Rúiu
316
Vacciledd i
Monte Petrosu
Punta Balistreri
1359
Monte la Pira
1076
Vallicciola
Monte Fulcadu
402
la Palazzina
Zapalli
Lóiri
San Giusta
Punta Altora
340
Monte Baligioni
1100
Montalvu
995
sa Soliana
615
San Salvatore di Nulvara
su Canale
Berchiddeddu
Punta Zaraboddu
389
Azzani
Monte Montialvu
901
Punta Carracanedda
594
Monti
San Giovanni
Punta Giagu Cuppone
567
sa Castanza
Andria Puddu
Monte di Salvanori
640
Nuragheddu
Monte Almuttu
276
Suaredda
Traversa
Monte Azzarina
558
Peddiu
San Pàolo
su Laccu Canu
592
Biasi
lu Lioni
San Teod
Berchidda
Contra Quadrada
613
Sos Ruéddos
Monte Piano
530
Mamusi
Padru
Punta lu Casteddácciu
828
Punta sa Pruna
695
Punta sas Prunas
252
Punta de s'Untulzu
622
Monte Ólia
Monte sa Pianedda
820
Punta Tantariles
Rio Padrongiano
Rio Badu Alzolas

Nicht nur toll fürs Auge: die Costa Smeralda.

Golfo Aranci, der sardische Hafen, in dem die Fähren aus Civitavecchia und Livorno landen, empfängt uns mit strahlender Sonne. Fährhafen, das klingt nach ollen Lagerhäusern, großen, kalten Betonflächen und hektischem Lastwagenverkehr. Weit gefehlt, Golfo Aranci hat viel mehr zu bieten als nur den Porto.

Gleich nebenan glänzt das Städtchen mit einer hübschen Uferpromenade, herrlichen Sandstränden und dem alten, malerischen Fischerhafen. Einige nette Restaurants und Bars liegen im Zentrum, es gibt ein paar gute Einkaufsmöglichkeiten und mit ein wenig Glück lassen sich im Golfo di Aranci sogar ein Delfine beobachten.

Rosarote Küste

Uns zieht es aber erst einmal hinaus aus dem Ort in Richtung Norden: an die Costa Smeralda. Die macht ihrem Namen alle Ehre. Smaragdfarben glitzert das Wasser entlang der landschaftlich schönen und abwechslungsreichen Strecke. Immer wieder fällt unser Blick auf die herrlichen Abschnitte entlang der Küste. Nicht nur auf diesem Stück der Küstenstraße ist viel los, auch draußen auf dem Meer kreuzen so einige Yachten auf und ab. Bei Portisco verlässt die Route den Küstenverlauf für einen kleinen, aber feinen Abstecher durch die bergige, einmalig schöne Landschaft der Gallura. Zurück am Meer landen wir an einem der malerischsten Küstenabschnitte der rosaroten Felsenküste, an der Cala di Volpe mit ihren perfekt eingepassten Sandbuchten. Wer ein paar Meter läuft, findet hier traumhafte und einsame Eckchen.

Vorbei am aussichtsreichen Gipfel des 422 Meter hohen Monte Moro kommt bald Porto Cervo in Sicht – der Ort der Reichen und der Schönen und derer, die sich dafür halten. Porto Cervo ist der Hauptort der Costa Smeralda. Hier wirkt alles sehr gepflegt und künstlich auf uralt getrimmt. Exklusive Häuser verstecken sich hinter

Die Costa Smeralda lockt mit herrlichen Strecken …

hohen Mauern. Hier kostet der Quadratmeter schon mal locker 3 500 Euro. Die passenden, hoch exklusiven Geschäfte reihen sich in der Einkaufsstraße in Richtung Hafen. Im Hafen selbst lassen sich beim Yachtwatching die riesigen Luxusdampfer bestaunen.

Etwas weiter westlich, bei Baja Sardinia, wird die Welt wieder normaler. Gemütliche Restaurants und ≠Cafés oberhalb der Sandbucht laden

…und schönen Zielen.

Lohnenswerte Ziele sind die Baja Sardinia (rechts) und Capo d'Orso (unten).

zur Mittagspause. Mit dem tollen Panorama des Maddalena-Archipels vor Augen schmeckt uns der Cappuccino gleich besonders gut. Für einen kurzen Moment stellen wir uns ernsthaft die Frage: Baden oder Weiterfahren? Die Antwort ist klar: Natürlich fahren! Die Runde um den Golf von Arzachena bis Palau absolvieren wir im entspannten Touristenmodus. Fahrerisch eher weniger anspruchsvoll, dafür fast ununterbrochen mit einem bildschönen Blick aufs Meer.

AUTOREN-TIPP

CODDU VECCHIU Inmitten der idyllischen grünen Weinberge von Capichera liegt unweit von Arzachena das mächtige Gigantengrab Tomba dei Giganti di Coddu Vecchiu. Die beeindruckende Anlage mit ihrer über vier Meter hohen, perfekt erhaltenen Eingangs-Stele gilt als eines der schönsten Beispiele der nuraghischen Grabbau-Kunst im Norden Sardinines. Man muss kein Archäologe sein, um von diesem Zeugnis der frühen sardischen Kultur überwältigt zu sein.

Die mächtige Steinplatte am Eingang zeigt das Relief einer Türe. Sie steht wahrscheinlich als Symbol für den Kontakt mit dem Reich der Toten, liegt doch gleich hinter dem Eingang die über zehn Meter lange Grabkammer. Eine mystische Stimmung liegt über dem Ensemble, dass hier vermutlich seit 4500 Jahren existiert. Der halbkreisförmige Vorplatz wurde einst sehr wahrscheinlich für kultische Zwecke genutzt. Was mag hier in den vielen tausend Jahren schon alles geschehen sein?

Der kleine Eintritt von 3 Euro lohnt sich, Ticketes gibt's am kostenlosen Parkplatz (**GPS** 41.053260, 9.357436).

Bär aus Granit

Oft verläuft die Strecke direkt entlang des türkisfarbenen Wassers. Am Golfo di Saline kommt jenseits der Bucht bald das Capo d'Orso in Sicht. Die auffällige Felsformation mit dem Bären-Felsen aus Granit an seiner Spitze wol-

len wir uns nicht entgehen lassen. Sie lässt sich aber nur zu Fuß erklimmen.

Der dazugehörende Parkplatz ist auch für Motorräder gebührenpflichtig, an der kurzen Zufahrtsstraße gibt es aber auch reichlich kostenlose Lücken für Zweiräder. Um die Besteigungsgebühr für den Felsen kommen wir jedoch nicht herum: Drei Euro wechseln den Besitzer. Lohn dieser überschaubaren Investition ist ein herrlicher Panoramablick über die Costa Smeralda und das Maddalena-Archipel bis nach Korsika, beeindruckende Felsformationen und frischer Wind inklusive.

La Maddalena – das felsige Archipel an der Nordspitze Sardiniens – ist immer einen Ausflug wert. Ab Palau pendeln die Fähren der beiden Schifffahrtslinien im Halbstundentakt. Aber bitte unbedingt merken, für welche der beiden Fährlinien man ein Ticket gekauft hat. Das erspart unter Umständen lange Diskussionen und Wartezeiten. Auf der Isola Maddalena

Bei Pallau startet die Fähre auf die Isola Maddalena.

Von der Aussicht nicht ablenken lassen, sollte man sich am Capo Testa.

Bei Santa Teresa Gallura, ganz im Norden Sardiniens.

angekommen, folgt sogleich das Highlight dieser Tour, die traumhafte Strada Panoramica.

Wir lassen die Inselhauptstadt hinter uns und nehmen die Küstenstraße im Uhrzeigersinn unter die Räder. Mal geht es hoch über das Meer, mal verläuft sie direkt am Wasser. Immer wieder düsen wir direkt an Bilderbuch-Badebuchten vorbei, die definitiv zu den schönsten Sardiniens zählen. An vielen dieser herrlichen Buchten laden kleine Strandbuden zur Pause ein. Etwa an der Baja Trinida, die direkt mit dem Motorrad erreichbar ist. Oder nur wenige Kilometer weiter die Spiaggia Monti d'a Rena. Hier ist der Badestopp ein Muss.

Fast genauso traumhaft, aber leider immer gut besucht, folgt die Spiaggia di Cala Spalmatore im Norden der Insel. Über einen Damm geht es hinü-

Küstenstraßentraum auf der Isola Maddalena.

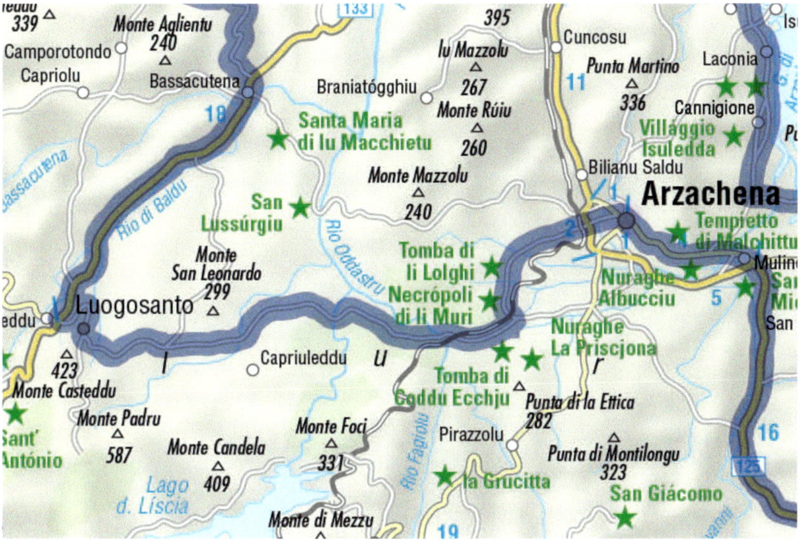

ber auf die fast unbewohnte Nachbarinsel Isola Capera. Hier bestimmen leuchtend grüne Kiefernwälder das Bild. Auf etwas holprigen Straßen erkunden wir die Insel. In ihrem Süden sind ein paar Sandbuchten wie die schöne Spiaggia di Due Mare gut mit dem Motorrad erreichbar. Und wer noch etwas Zeit und Muße hat, für den wartet in der Inselmitte das Museum Guiseppe Garibaldi.

Quirlige Gassen

Es ist dem Mann gewidmet, der als Symbol der Einigung Italiens im Jahr 1861 gilt. Ein letzter Schlenker führt uns über die Panoramastraße am Nordende der Insel, dann nehmen wir Kurs auf den lebhaften und sympathischen Hauptort La Maddalena. Hier prägen quirlige Gassen, das historische Ambiente. Schließlich heißt es auch für uns Abschied nehmen von dieser schönen Insel und wir reihen uns am Fährhafen in die Schlange.

Unser Tipp dazu: In der Hauptsaison kann es abends vor der Rückfähre nach Palau zu erheblichen Wartezeiten kommen. Also besser nicht zu spät am Hafen eintrudeln. Bekanntlich bestraft das Leben denjenigen, der zu spät kommt.

Heute nicht so gesprächig: die Skultpur vom Guiseppe Garibaldi.

Markttag in Santa Teresa Gallura.

Zurück im lebhaften und sympathischen Hafenort Pallau mit seinen vielen Restaurants und Geschäften folgen wir den Schildern nach Santa Teresa. Die Strecke verläuft weitgehend im Landesinneren. Den fehlenden Meerblick gleicht die SS133 durch ihren perfektem Belag und die schnellen Kurven mehr als wett. Im kernigen Sportmodus geht es in Richtung des nördlichsten Punkts Sardiniens. Den nötigen Beistand holen wir uns bei einer kleinen Pause in der Kirche Buoncammino kurz vor Santa Teresa. Die kleine Kapelle in einem Wäldchen aus riesigen alten Olivenbäumen, glänzt mit einem einfachen kreuzförmigen Kirchenbau mit zentraler Kuppel, der Maria unter einem blauem Sternenhimmel und einem martialischen Kruzifix.

Verruchtes Tal

Santa Teresa Gallura ist das Einfallstor für Sardinienbesucher, die mit der Fähre vom korsischen Bonifacio übersetzen. Rund um die Piazza Vittorio Emanuelle liegt auf einem Hügel das einladende Zentrum mit seinen vielen Geschäften und Cafés. Gleich an seinem westlichen Stadtrand beginnt das Capo Testa. Die kleine Halbinsel protzt mit ihren Sandstränden und gilt als beliebtes Wandergebiet.

Das auf dem Cap liegende Valle de Luna, das verruchte Tal, ist seit den 1970er Jahren als das Tal der Hip-

Leuchtturm am Capo Testa.

pies bekannt. Bis heute wohnen noch einige der Blumenkinder in den Höhlen und zwischen den Felsen des Tales. Wer kann es ihnen verdenken, das Cap aus Granit zählt mit seinen bizarren Felsformationen und skurrilen Steinskulpturen nicht umsonst zu Sardiniens absoluten Highlights.

Schräglagen satt

Wir schlagen wieder den Weg gen Süden ein. Die Runde verlässt nun das Meer und streift durchgehend kurvig und mit viel Aussicht durch die karge Abgeschiedenheit der Gallura. Das urwüchsige Bergland bietet Fahrspaß pur. Auf griffigem Asphalt reihen sich mal knackige, mal schnelle Kurven aneinander, Schräglage folgt auf Schräglage.

Die Landschaft der Gallura ist einzigartig, überall ragen rechts und links der Straße Granit- und Tafoni-Berge aus der Macchia und zwischen den Korkeichen hervor – die perfekte Kulisse für weitere 50 Kilometer durch die Einsamkeit.

Gleich auf zwei Zeugnisse der uralten Geschichte Sardiniens stoßen wir vor Arzachena. Coddu Vecchiu ist das mächtigste Großsteingrab der Insel. Es geht zurück auf das Jahr 1500 v. Chr. Seine Eingangsstele ist über vier Meter hoch. Die ganze Anlage besteht aus zwei Grabräumen und einem Vor-

Für die kleine Andacht unterwegs: Buoncammino bei Santa Teresa Gallura.

Einsame Strecke in der Gallura.

raum aus aufrecht gestellten Steinquadern. Nur wenige Meter weiter liegt Li Lolghi. Das Steinkistengrab ist nicht ganz so gut erhalten wie Coddu Vecchiu. Es liegt einsam auf einer Anhöhe und stammt aus der frühen Bronzezeit. Die beiden Anlagen der Nuraghen-Kultur zählen zu Sardiniens bedeutendsten archäologischen Stätten.

Arzachena, die sympathische Bergstadt mit ihrem gemütlichem Ortskern ist schließlich die letzte Etappe auf dieser Runde durch die Nordost-Ecke Sardiniens. Mit einem heißen, pechschwarzen Espresso läuten wir die letzten sportlichen Kilometer über die SS125 vorbei an Olbia nach Golfo Aranci ein.

Schließlich wollen wir heute Abend noch den schönen Ort genießen, der soviel mehr zu bieten hat, als nur einen ollen Fährhafen. ◀

Kurze Verschnaufpause am Golfo Aranci.

INFOS ZUR TOUR

CHARAKTERISTIK

Der pure Genuss: Auf gut ausgebauten Straßen geht es auf dieser Tour durch die schönsten Landschaften Sardiniens. Lediglich die Straßen des Insel-Archipels Maddalena sind hier und da etwas rumpeliger. Die größte Gefahr auf dieser Runde sind wohl die vielen grandiosen Panoramen, die die Motorrad-Besatzung vom Geschehen auf dem Asphalt ablenken könnten. Also öfter mal stoppen – es lohnt sich!

ÜBERNACHTUNG

Agriturismo Tenuta Pilastru
Località Pilastru km 5, 07021 Arzachena
Großzügige, sehr schöne Anlage mit gepflegtem Pool, Halbpension möglich, sehr geräumige Zimmer mit Terrasse, ruhige Parklage.
www.tenutapilastru.it
GPS 41.078139, 9.318168

B&B La Murichessa
Località Vaddimala, 07020 Cannigione
Sehr schönes B&B in toller Lage, klasse Zimmer, prima Frühstück und netter Service, unser Tipp.
www.lamurichessa.it
GPS 41.095518, 9.466588

Les Suites Magnolia
Via Toscana 5
07026 Olbia
Freundliches B&B schöner Lage, nettes Team.
www.bbsuitesmagnolia.it
GPS 40.923471, 9.491728

KOMBINATIONSMÖGLICHKEITEN

Gleich westlich schließt sich die Tour 9 an, darunter die Tour 1 in die Mitte der Insel. Zusätzliche Kilometer sind – sofern gewünscht – um den Lago di Liscia sowie unterhalb Santa Teresas machbar.

KLIMA | WETTER REISEZEIT

Für Motorrad-Reisende ist Sardinien das perfekte Ziel vom Frühjahr bis in den Herbst hinein. Im Frühling blüht überall die Macchia und das touristische Treiben hält sich noch in Grenzen. An der Küste, in den Tälern und im Flachland ist es ab April schon angenehm, die Sonne sorgt für herrliche Wärme. Allerdings sind immer noch viele Hotels und Restaurants geschlossen. Dafür ist es auf den Straßen angenehm leer.

Oben auf den Pässen ist es noch frisch, entsprechend warme Klamotten gehören in die Koffer. Ähnlich ist es im Herbst – wenn es zu Hause schon eiskalt regnet und graue Wolken über den Himmel preschen, ist es auf Sardinien oft noch sehr angenehm. Die Sonne ist noch nicht im Winterschlaf und der Indian Summer lässt die Laubbäume in den kräftigsten Farben erstrahlen. Ab Mitte September wird es dann ruhig auf der Insel; viele Betriebe schließen schon wieder. Im Oktober ist es leer, es lässt sich aber immer noch prima baden, abends wird es schnell kühler und dunkler.

Juli und August sind anstrengende Monate, viele Festland-Italiener verbringen dann ihren Urlaub auf Sardinien. Es wird richtig voll, die Preise für Unterkünfte, die zudem häufig ausgebucht sind, steigen kräftig. Kräftig steigen auch die Temperaturen, 40 Grad und mehr sind keine Seltenheit. Das ist auf dem Motorrad nicht unbedingt ein Vergnügen. Als Winterflucht eignet sich Sardinien nur sehr bedingt. Man kann durchaus Glück haben und ein paar trockene und angenehme Tage erwischen. Bisweilen regnet es aber auch über längere Zeit, heftiger Sturm kann aufkommen und in den Bergen schneit es ordentlich.

ALS FAZIT kann man sagen, mit Mai und Juni sowie September und der ersten Oktoberhälfte kann man nicht viel verkehrt machen.

ANREISE

Sardinien ist eine Insel, also geht es mit dem Motorrad via Fähre hinüber. Das ist normalerweise kein Problem. Außer es ist Hauptsaison – und man hat nicht gebucht. Dann kann es eng werden, denn die meisten Fähren sind komplett ausgebucht. In der Nebensaison sollten jedoch spontane Passagen kein Problem sein. Dennoch empfehlen wir stets rechtzeitig zu buchen. Das geht natürlich am einfachsten via Internet. Es gibt einige Portale, die sich dem Preisvergleich und den Buchungen widmen. Da die Unterschiede teilweise recht groß ausfallen, sollte man sich die Zeit zum Vergleich nehmen. Sonn- und Feiertags fährt man übrigens meist teurer.

Unsere ganz persönliche Lieblingsverbindung ist die Sardinia Ferries-Nachtfähre von Livorno nach Golfo Aranci bei Olbia. Abends geht es um 22 Uhr auf die Fähre und in die Koje. Morgens dann frisch erholt gegen acht Uhr wieder von Bord. Infos dazu gibt es im Internet unter **www.corsica-ferries.de**. Weitere Fährgesellschaften sind Tirrenia, Moby Lines, Grandi Navi Veloci und BluNavy. Fährenportale für den Preisvergleich sind **www.ferrylines.com**, **www.ocean24.de** und **www.aferry.de**.

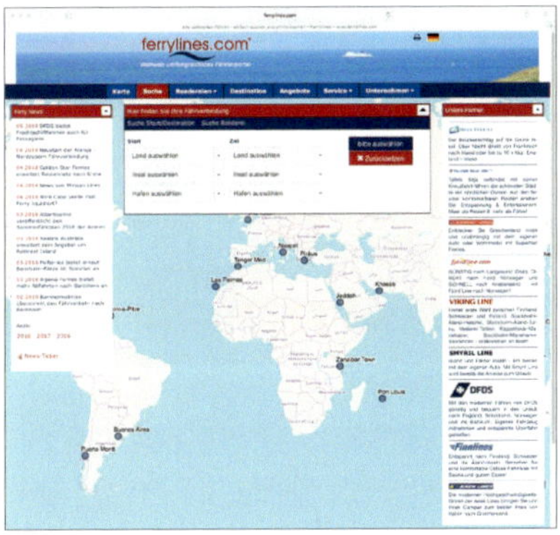

Früher bestanden interessante Möglichkeiten, Norditalien via Bahnverladung zu erreichen. Die Deutsche Bahn hat diesen Service inzwischen eingestellt. Es gibt jedoch einige private Anbieter, der Markt ist dies-

bezüglich gerade sehr in Bewegung. Ein Blick auf die Internet-Seite www.autoreisezug-planer.de verschafft aktuell Klarheit. Wir sind komfortabel mit Euro-Express von Düsseldorf nach Livorno angereist und waren sehr zufrieden. Weitere Infos unter www.euro-express.eu.

Wer mit dem Motorrad auf dem Anhänger oder im Transporter anreist und nur mit dem Zweirad auf die Insel möchte, kann sein Fahrzeug beim Hotel Florida in Tirrenia direkt bei Livorno parken. Voraussetzung ist, dass man die Nacht davor und danach im Hotel übernachtet. Der Transporter steht dann sicher im verschlossenen Hof des Hotels.

www.hotelfloridatirrenia.com

NOCH EIN WICHTIGER TIPP: Die Strafen für Verkehrsvergehen sind in Italien, und damit auch auf Sardinien, wesentlich höher als in Deutschland. Zwar haben wir persönlich italienische Polizisten meist als sehr entspannt erlebt, aber wenn es blitzt, kann es sehr teuer werden. Ganz dramatisch wird es, wenn unerlaubterweise Naturschutzgebiete offroad befahren werden. Ein Ausfliegen des Motorrades via Hubschrauber und der Einzug des Fahrzeugs sind möglich, die Kosten lassen sich leicht ausmalen. Deshalb empfehlen wir eine relaxte und gesetzeskonforme Fahrweise, was durchaus Geld und Nerven schonen kann – man ist ja schließlich im Urlaub.

UNTERKUNFT

Auf Sardinien werden alle Arten von Übernachtungsmöglichkeiten angeboten. Einen Platz für die Nacht zu finden, ist relativ einfach. Wir haben damit noch nie ein Problem gehabt. Einzig in den Haupt-Ferienmonaten Juli und August kann die Suche schon mal etwas länger dauern. Dann kann

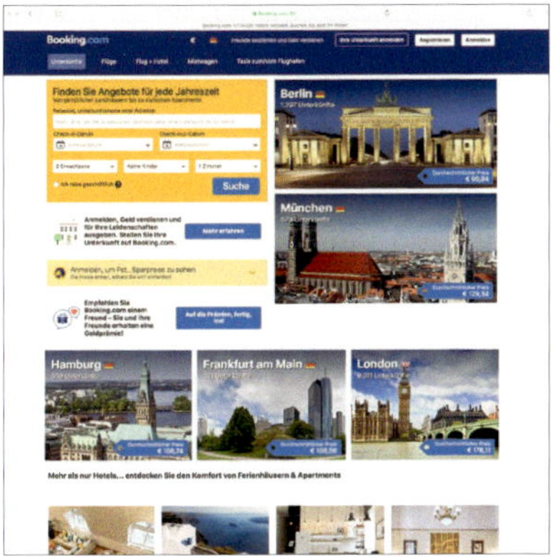

es durchaus hilfreich sein, Unterkünfte vorher zu reservieren. Dies geht problemlos über die oben genannten Internetseiten oder die einschlägigen Portale wie **www.booking.com**. Spontanes Übernachten sollte allerdings ein wenig Abseits der Hauptorte das ganze Jahr über möglich sein.

Insbesondere entlang der Küste gibt es eine ganze Reihe sehr schöner Campingplätze in allen möglichen Größen und Ausstattungen. Das reicht vom Fünf-Sterne-Platz mit Rundum-Service am See bis zum einfachen Zeltplatz und auch hier gilt: Ein wenig abseits des Haupttrubels lässt sich rund ums Jahr im Prinzip immer etwas finden.

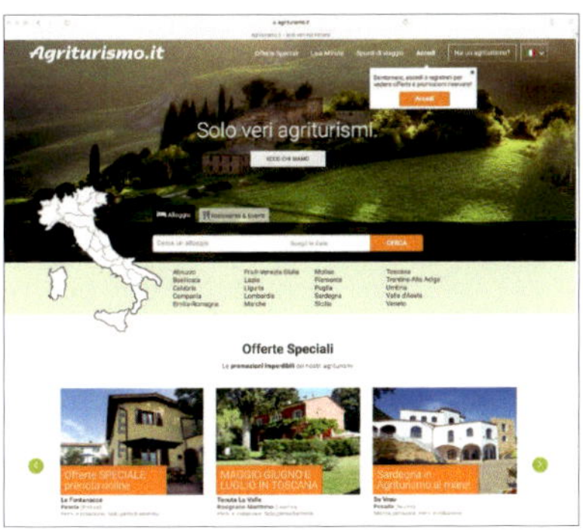

Möchte man ein wenig länger an einem Ort bleiben und freut sich über den direkten Kontakt mit den Menschen vor Ort empfiehlt es sich, das immer größer werdende Angebot des Agriturismo auszuprobieren. Zahlreiche Landgüter machen inzwischen auch auf Sardinien mit. Einen intensiveren Einblick in die Region wird man nicht bekommen können. Viele Tipps dazu bekommt man unter anderem unter **www.agriturismo.it**.

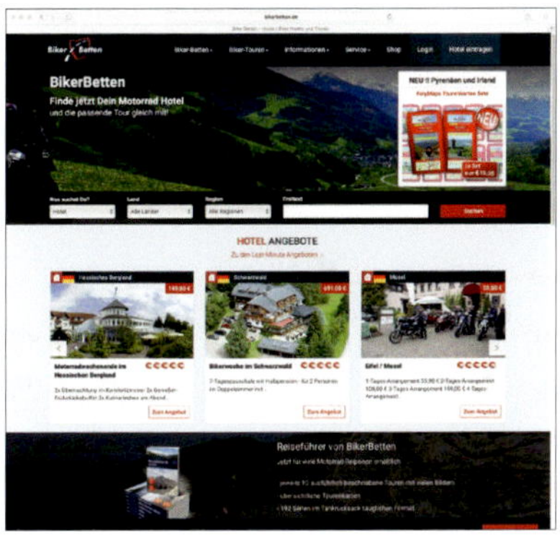

In den jeweiligen Kapiteln haben wir persönliche Tipps zur Übernachtung zusammengestellt. Sehr hilfreich bei der Suche nach motorrad-freundlichen Unterkünften, auch über Italien hinaus, ist übrigens der BikerBetten Tourenplaner. Das Standardwerk mit über 800 Adressen gibt es kostenlos bei unzähligen Motorradhändlern. Eine Übersicht gibt es im Internet unter **www.bikerbetten.de**. Dort lassen sich die einzelnen Unterkünfte online suchen, und weitere Motorrad-Reiseführer ordern.

PRAKTISCHES

Wer einen Schutzbrief des ADAC oder eines anderen kompetenten Clubs hat, dem wird in der Regel bei allen Notlagen geholfen. Darüber hinaus helfen im Notfall die Konsulate der Heimatländer kompetent weiter:

DEUTSCHES KONSULAT

Via Garzia Raffa 9, Cagliari
T. (0039) 070 30 72 29

ÖSTERREICHISCHES KONSULAT

Viale Liegi 32, Rom
T. (0039) 068 55 28 80

SCHWEIZER KONSULAT

Via Barnaba Oriani 61, Rom,
T. (0039) 068 095 71

INTERESSANTE INTERNETSEITEN FÜR WEITERE INFORMATIONEN:

www.sardinien-inside.info

www.sardegnaturismo.it
www.traumziel-sardinien.com
www.sardinienforum.de

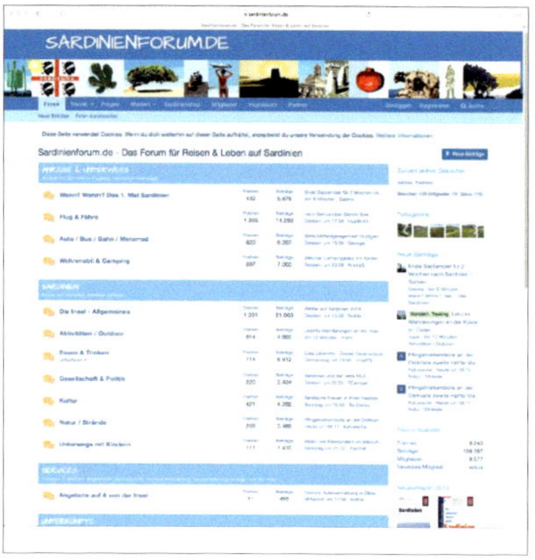

Die offizielle und sehr umfangreiche Seite der italienischen Zentrale für Tourismus heißt www.italia.it und hält auch über Sardinien jede Menge Infos bereit.

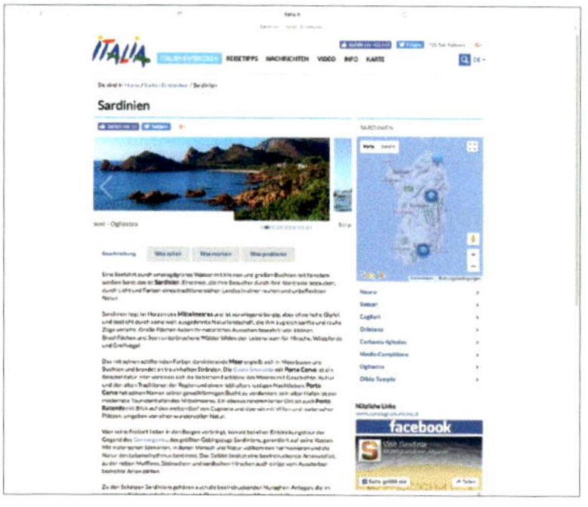

Sehr hilfreich sind auf der Insel auch die zahlreichen örtlichen Touristeninformationsbüros, die in fast jeder etwas größeren Gemeinde existieren. Hier gibt es Infos, Broschüren, Karten, freundliche Hilfe bei der Suche nach Unterkünften und Campingplätzen und mehr.

LITERATUR | REISEFÜHRER | KARTEN

Wir sind gut gefahren mit der **SARDINIEN-KARTE** 1:200.000 von **MARCO POLO**, für 9,99 Euro inkl. touristischer Highlights, Index und sonstiger Infos.

ISBN 978-3829739870

Hochinteressant und unsere Empfehlung: **DUMONT BILDATLAS SARDINIEN**, Kartenwerk und unerschöpflicher Ratgeber für 9,95 Euro.

ISBN 978-3770194964

Neben regionalen Reiseführern, die es oft auch vor Ort in deutscher Sprache gibt, ist der „lonely planet" unser Standardwerk: **LONELY PLANET REISEFÜHRER ITALIEN**, 1032(!) Seiten, Euro 28,99. ISBN 978-3829721844

Weitere Tourenvorschläge gibt es im **TOURENKARTEN-SET KORSIKA UND SARDINIEN** aus dem **TVV TOURISTIK VERLAG**. Das Set besteht aus jeweils acht Tourenkarten und kostet 19,95 Euro. Auf jeder Karte gibt es bis zu fünf verschiedene Tourvorschläge, die auf der Rückseite des Kartenblatts eingehend beschrieben sind. Darüber hinaus lassen sich die robusten Karten aber auch bestens als Straßenkarten für die Planung und auch unterwegs benutzen.

Die Karten sind beidseitig foliert und so gegen Wasser und Verschmutzung geschützt. Reißfest sind sie noch dazu. Außerdem kommen sie in einer handlichen Kunststofftasche, die zusätzlichen Schutz bietet. Durch die Verwendung von Mikrofolie anstelle des sonst üblichen steifen Laminats bleiben die Karten hochflexibel und bestens faltbar. Damit lassen sie sich in jeder gewünschten Ansicht etwa im Kartenfach eines Tankrucksacks integrieren. Maßstab der Karten 1:250 000.

ISBN 978-3-937063-15-3

Klein und handlich ist die **MOTORRADKARTEN-BOX KORSIKA UND SARDINIEN** von Biker Betten im **TVV TOURISTIK VERLAG**. Für 9,95 Euro gibt es die ultimative Kartenbox mit acht informativen Papierkarten zu den schönsten Motorrad-Regionen der beiden Inseln. Alle Karten stellen jeweils fünf eingezeichnete und beschriebene Touren vor und weisen natürlich auch auf an den Routen liegende Unterkünften für Motorrad-Reisende hin.

ISBN 978-3-937063-17-1

Kleiner **Sprachführer**

Für eure Motorradreise nach Italien sind hier die wichtigsten Begriffe und Redewendungen zusammengestellt.

Hinweise zur Aussprache | Sonderzeichen:

c	vor e und i wie tsch, sonst wie k Bsp. ciao (hallo); come (wie)
g	vor e und i wie dsch, sonst wie g Bsp. viaggio (Reise); grazie (danke)
ch	wie k Bsp. che (was)
gh	wie g Bsp. funghi (Pilze)
sce	wie sch Bsp. lasciare (lassen)
sch	wie sk Bsp.: pesche (Pfirsiche)

VERSTÄNDIGUNG

ja / nein	si / no
was / wann / wo / hier	che cosa / quando / dove / qui
Sprechen Sie Deutsch?	Parla tedesco?
Haben Sie mich verstanden?	Ha capito?
Ich habe verstanden.	Ho capito.
Ich habe das nicht verstanden.	Non l'ho capito.

BEGRÜSSUNG | VERABSCHIEDUNG

Hallo	Ciao
Guten Tag / Abend	Buongiorno / Buona sera
Wie geht es Dir / Ihnen?	Come sta / stai?
Danke, gut. Und Dir / Ihnen?	Bene, grazie. E Lei / tu?
Auf Wiedersehen / tschüs	Arrivederci / Ciao

KENNENLERNEN

Ich heiße…	Mi chiamo…
Wie heißt Du / heißen Sie?	Come si chiama / ti chiami?
Woher kommst kommen Sie/Du?	Di dov'è / dove sei?
Ich komme aus Deutschland / Österreich / der Schweiz	Vengo dalla Germania / dall'Austria / dalla Svizzera

HÖFLICHKEIT

Bitte	Per favore! Oder auch „Prego“ (als Antwort auf „Danke“)
Vielen Dank(e)	Grazie (mille)
Könnten Sie mir bitte helfen?	Mi potrebbe aiutare, per favore?
Entschuldigen Sie!	Scusi!
Das tut mir leid!	Mi dispiace!
Das macht nichts!	Non fa niente!

NOTRUFNUMMERN IN ITALIEN (generell: 112)

113 (Polizei) | 115 (Feuerwehr) | 116 (Pannenhilfe) | 118 (Rettungswagen)

UNTERKUNFT

Wo ist die Touristeninformation?	Dov'è l'ufficio turistico?
Können Sie mir ein gutes Hotel / preiswertes Hotel / eine Pension empfehlen?	Mi potrebbe consigliare un buon albergo / un albergo economico / una pensione / alloggi privati?
Wie komme ich dorthin?	Come ci si arriva?
Haben Sie ein Einzelzimmer / Doppelzimmer frei?	Avete una singola / doppia libera?
Wie viel kostet es?	Quanto costa?
Ich nehme es!	La prendo!

WETTER

Was sagt der Wetterbericht?	Cosa dicono le previsioni del tempo?
Es wird schön / warm / heiß / schwül / kalt / schlecht	Farà bello / caldo / molto caldo afoso / freddo / brutto.
Es wird regnen	Pioverà!
Es wird ein Gewitter kommen	Ci sarà un temporale.
Sonne	il sole

RUND UMS BIKEN

Anlasser	il motorino d'avviamento	Öl	l'olio
Auspuff	lo scappamento	Parkplatz	il parcheggio
Ersatzteil	il pezzo di ricambio	Reifen	la gomma
Führerschein	la patente	Reifendruck	la pressione delle gomma
Grenze	la frontiera	Schlüssel	la chiave
Zoll	la dogana	Straße	la strada
Helm	il casco	links / rechts / geradeaus	a sinistra / a destra / diritto
Kreuzung	l´incrocio	ziemlich weit	abbastanza lontano
Licht	la luce	nicht weit	non lontano
Maut	il pedaggio	zurück	indietro

FÄHRE

Wann fährt die nächste Fähre nach…ab?	Quando parte il prossimo traghetto per…?
Wie lange dauert die Überfahrt nach…?	Quanto dura la traversato fino a…?
Wann legen wir in…an?	Quando sbarchiamo a…?

UNTERWEGS

Entschuldigung, wo ist…?	Scusi, dov'è…?
Wie komme ich zu / nach…?	Come si arriva a…?
Können Sie mir das bitte auf der Karte zeigen?	Mi potrebbe mostrarlo sulla mappa per favore?
Wie viele Minuten mit dem Motorrad?	Quanti minuti si impiega in moto?
Ist das die Straße nach…?	È questa la strada per …?
Wie komme ich zur Autobahn?	Come posso raggiungere l'autostrada?
Wo kann ich mein Motorrad abstellen?	Dove posso parcheggiare la mia moto?
Wie hoch ist die Gebühr für ein Motorrad?	Quant´è la tassa per la moto?

ESSEN UND TRINKEN

essen / trinken	mangiare / bere
Wo gibt es hier ein preiswertes / typisches Restaurant?	Scusi, c'è un ristorante non troppo caro / tipico?
Einen Tisch für … Personen bitte!	Un tavolo per…persone, per favore!
Die Speisekarte bitte!	Mi porta il menù, per favore?
Kann ich noch etwas zu essen bekommen?	É ancora possibile mangiare?
Ich möchte nur etwas trinken.	Vorrei soltanto bere qualcosa.
Suppe	minestra
kalte Vorspeisen	antipasti
Fleischgerichte	carni
Fisch	pesce
Gemüse	verdura
Beilagen	contorni
Käse	formaggi
Getränke	bevande
Brot	pane
Bier	birra
Rotwein / Weißwein	vino rosso / vino bianco
Kaffee	caffè
Wasser (mit / ohne Mineralwasser)	acqua minerale (frizzante / liscia)
Tasse	una tazza
Glas	un bicchiere
Teller	il piatto
Messer / Gabel / Löffel	il coltello / la forchetta / il cucchiaio

Schüssel	bacinella
Flasche	la bottiglia
Die Rechnung bitte	Il conto, per favore.
Frühstück / Mittagessen / Abendessen	la colazione / il pranzo / la cena
bestellen	ordinare
bezahlen	pagare

RUND UM DIE PANNE / DEN UNFALL

Bitte helfen Sie mir!	Mi puo aiutare per favore
Ich habe kein Benzin mehr	Non ho più benzina.
Wo ist die nächste Tankstelle?	Dov'è il distributore più vicino?
Ich habe eine Reifenpanne.	Ho bucato.
Ich habe eine Motorpanne.	Ho un guasto al motore.
Die Batterie ist leer.	La batteria é scarica.
kaputt	guasto/ rotto
Wie teuer wird die Reparatur ungefähr sein?	Quanto costerà all'incirca la riparazione?
Machen Sie bitte nur das Nötigste!	Si prega di fornire solo il minimo indispensabile.
Wann ist es fertig?	Per quando sarà pronta?
Wo ist die nächste Werkstatt?	Dov´è il garage più vicino?
Es ist nicht meine Schuld!	Non è colpa mia!
Ich hatte Vorfahrt!	Avevo la precedenza!
Sie sind zu schnell gefahren!	Lei andava troppo veloce!
Sie haben zu wenig Sicherheitsabstand gehalten!	Lei non ha rispettato la distanza di sicurezza!
Zeuge	testimone
Es ist ein Unfall passiert!	C'è stato un incidente!
… Personen sind (schwer) verletzt.	…persone sono rimaste (gravemente) ferite!
Rufen Sie bitte schnell die Polizei / die Feuerwehr / einen Krankenwagen!	Presto, chiami la polizia / i vigili del fuoco / un'ambulanza!
Ich bestehe darauf, die Polizei zu rufen!	Vorrei chiamare la polizia!

GRUNDZAHLEN

0	zero	10	dieci	30	trenta
1	uno	11	undici	40	quaranta
2	due	12	dodici	50	cinquanta
3	tre	13	tredici	60	sessanta
4	quattro	14	quattordici	70	settanta
5	cinque	15	quindici	80	ottanta
6	sei	16	sedici	90	novanta
7	sette	17	diciassette	100	cento
8	otto	18	diciotto	200	duecento
9	nove	19	diciannove	1000	mille / mila
		20	venti	2000	duemila

1. Auflage Juni 2018 | © 2018

HERAUSGEBER

TVV Touristik-Verlag GmbH | Werner Henschel Str. 2 | D-34233 Fuldatal-Ihringshausen
Tel.: +49 - (0) 561/400 85 - 0 | Fax: +49 - (0) 561/400 85 - 21
info@bikerbetten.de | www.bikerbetten.de

Vertretungsberechtigter Geschäftsführer: Peter Schmitz
Registergericht: Kassel | Registernummer: 13254
Umsatzsteuer-Identifikationsnummer gemäß § 27 a Umsatzsteuergesetz: DE813611060

REDAKTION Hans Michael Engelke, www.engelke.tv

FOTOS Angelika und Hans Michael Engelke, www.engelke.tv

Tobias Helfrich (141) – Peter Schmitz (S.4, 21, 22, 148, 150, 153, 154, 155, 157, 158, 160, 161, 164, 168, 169, 170, 171, 174, 175, 176, 177, 178) – Tanja Schmitz (153, 155, 156, 159, 162, 166, 169, 172, 174, 177)

UMSCHLAGGESTALTUNG TVV Touristik-Verlag GmbH

KARTENBASIS © Kunth Verlag GmbH & Co. KG

ROUTEN Hans Michael Engelke, www.engelke.tv

PRODUKTION MoTourMedia, Wuppertal

LEKTORAT Text-o-Pix, Wuppertal

DRUCK UND WEITERVERARBEITUNG Silber Druck oHG, 34266 Niestetal

Die GPS-Daten gibt es zum kostenlosen Download auf **bikerbetten.de**

ISBN 978-3-937063-53-9

WWW.BIKERBETTEN.DE